38歳から
自分らしく輝く女《ひと》と伸び悩む女の習慣

関下昌代
Sekishita Masayo

今、あなたは人生の中で
最も美しい時を
過ごしていることに
気づいていますか？

まえがき

はじめまして。

著者の関下昌代（セキシタ　マサヨ）と申します。

この本をきっかけにあなたと出会えたことが嬉しいです。

２０１４年刊行の拙著『伸びる女と伸び悩む女の習慣』を読んでくださった方もいらっしゃるかもしれませんね。もしそうなら、続編として書いたこの本も手に取っていただきありがとうございます。


前作は、20代から30代前半の働く女性への応援歌としてのメッセージをちりばめました。

あれからおよそ10年の月日が流れました。今、大人の女性に成長されたあなたにこの本をお届けします。

さて、ここで冒頭の質問に戻りましょう。
今、あなたは人生の中で最も美しい時を過ごしていることに気づいていますか？
実際に30代後半の女性に聞くとこんな答えが返ってきます。

「美しいって、私がですか？　そんなことないですよ。だって……」
「今の自分が美しい」ということを否定した後には、今抱えているうまくいかないこと、悩んでいることの話が続きます。

でも、今のあなたは客観的に見て本当に美しい。
自分では気がついていないだけなんです。

自分の美しさに気がついていない無防備なところも、大小の悩みごとを抱える不完全さすらも、あなたの魅力の一つになっているのでしょう。

私自身、今のあなたの年齢が遠い昔になりつつある今だからこそ、自信を持って断言できます。

今、あなたは気力も体力も充実し、これまでとはまた違った大人の女性の美しさを持っています。

仕事やプライベートで人生経験の酸いも甘いもかみ分けてきたあなたですから、全身から醸し出されるオーラが違います。

そんな魅力あふれる時期である38歳を、人生のどのあたりにとらえればいいと思いますか？

日々忙しく過ごしているとこんなことを考えてみる機会はなかなかないですよね。

38歳という年齢はマラソンにたとえるなら折り返し地点の目印が視界に入ってくるあたりです。

スタートラインからひたすらまっすぐ走り続けてきた道のりを思い出してください。

そこには家族、友達、先生、パートナー、上司、同僚等、あなたの成長に影響を与えた人たちがいて、その人たちと共有した時間の景色も一緒に思い出すかもしれませんね。

では、折り返し地点のカーブを曲がったその先には、どんな景色が待っていると思いますか？

その景色を自分の心地よい空間と色彩にしていけるかどうかは、あなた次第です。

今まで目指していたゴールを変えて再設定してみるのもアリですし、寄り道してもいいし、方向転換してもいい。

誰かと比べて負けたと落ち込む必要もありません。

これからのあなたには、自分らしく自然体でしなやかに歩いてほしい。

美しく、しなやかに生きるには、決して折れることのない強さがあってこそ。

これからますますテクノロジーが発達し、ＡＩ（人工知能）が同僚になる時代がやってきたとしても、人間が働きながらキャリアを進んでいくことには変わりはありません。

38歳は人生のターニングポイントです。

10年後の48歳、20年後の58歳のあなたが美しく輝く未来を目指す伴走者として、私から心を込めて37個のメッセージを贈ります。

関下昌代

2023年11月吉日

chapter 1

考え方

chapter 2

キャリアプラン

chapter 3

仕事との向き合い方

chapter 4

人間関係

chapter 5

ライフスタイル

chapter 6

心と身体を整える

chapter

1

考え方

1

自分らしく輝く女は
今の自分を客観的に見つめ
伸び悩む女は
過去の自分から目が離せない

約2500年も前、中国で儒教を説いた孔子の『論語』の中に出てくる言葉に「四十にして惑わず」というものがあります。

「私も不惑の年になりました」とは、40歳になりました、という意味ですね。

孔子は40歳になると惑う（迷う）ことがなくなる、と言っていますが、実際はどうでしょうか？

私は不惑どころか、「惑」「惑」「惑」のトリプル「惑」でした。

実際に40歳の誕生日を迎えたとき、私は30代との決別ができずにいました。40歳という響きがものすごく年寄りっぽく感じ、受け入れがたかったのです。

そんな折、会社で歯科検診があり、受付で書類に年齢を書かなくてはいけなかったのですが、私は「40」という数字を書くのをためらっていました。「こんなところで年齢をさば読んでどうする?!」と思いながらもグズグズしていると、受付の歯科衛生士さんに「何か問題でもありますか？」と声をかけられて我に返り、仕方なく「40」と記入したことがあります。

同じ頃、毎年恒例の新人研修の野外活動として、その年は新人を山梨県の保育園に連れて行き、保育園の壁に園児の好きな模様を描くことになっていました。

そこで新人たちの活動を見守っていた私に、絵本を持った園児の女の子が駆け寄ってきて、「おばちゃーん、このご本読んで～！」と言いました。「おばちゃーん」と呼ばれて傷ついた私に、さらに追い打ちをかけたのが、その子が「ねえ！　おねえちゃん、遊ぼう！」と私の隣に立っていた30歳の後輩に話しかけたことです。

30代との決別がどうのこうの……と未練がましく思うのではなく、現実を受け入れて、これから40代をどう生きていくかにシフトしなければならないと思いました。

まず仕事に着ていく服から考える必要がありました。大人の女を目指すなら、今のままのクローゼットじゃ駄目なはず、と今まで似合うと信じて疑わなかった服を見直しました。可愛いからカッコイイへのシフトです。

ヒラヒラとしたフリルやレースの襟のブラウス、スカート、丈の短いワンピースなどの代わりに、パンツスーツとインナーのシャツとカットソーをそろえました。

『論語』の、「四十にして惑わず」という言葉には続きがあります。
五十にして天命を知る
六十にして耳順う
七十にして心の欲する所に従って矩をこえず
孔子の言葉は、年齢を重ねるごとに経験も増え、人としての奥行きが出て応用力が高まり、揺るぎのない信念ができていくということでしょう。
年齢とともに深まっていく素敵な境地が待っていますよ、ということですね。

常に自分を客観視しながら、装いも仕事の内容も言動も変化させていくことこそが、自分らしく輝くための秘訣になると思います。

今のあなたに合わせた装いと言動が
さらに魅力を高めてくれる

2

自分らしく輝く女は自分が世界の中心
伸び悩む女は他人を中心に考える

「人生は即興ドラマ。主役はあなたです」

私はこのように働く女性への研修などで話すことがあります。

「たしかにそうだ！　自分が主役。世界は私を中心に回っていると思って生きよう」と意気込んではみても、日々誰かに色々なことを頼まれ、気づいたら他人に振り回されて疲れ気味。ついつい主役の座を脇役に譲り渡していないでしょうか？

俳優の大竹しのぶさんが朝日新聞のエッセーに書いておられました。

小さい頃から毎晩お父様から言われていた言葉に「嫌なことは嫌と言える人間になりなさい」「魂にしわのよらない若さをもつこと」「女の子は年をとっても、いつまでも可愛くなければね」などがあり、今も懐かしく思い出されるそうです。

この中の「嫌なことは嫌と言える人間になりなさい」の言葉に、私は救われたような気持ちになりました。

というのは、振り返れば私自身、嫌なことには、「それは嫌です」と言ってきたからです。そのために「頑固ね」とか「気が強い」と周りから批判されたこともあります。

けれども、今でも「嫌です」と意思表示したことを後悔はしていません。

とはいえ……、上司と気まずくなったこともありました。

外資系銀行の人事部に異動してすぐ、社内のイベント「キッズデー」の担当者になれと上司に言われたとき、私は「嫌です」と即答してしまいました。

キッズデーとは、子供のいる社員が平日に仕事から離れ、子供と家族を職場に連れて来る日。人事部主催で子供を楽しませる仕組みを色々考えていました。

上司は私の反応が意外だったようで、不機嫌で当惑したような表情になりました。

私は一瞬ひるみましたが、その理由を後で説明したいと言って上司の部屋をあとにしたのです。

自分でも驚くような即答をしてしまったのは、私はキッズデーの日は会社を休むというほど、このイベントを避けていたからです。

社内を子供たちが走り回るうるささ、皆が上司の子供におべっかを使い「可愛いですね」と言わなければいけない空気感、子供がいない人の視点がまったく考えられていないイベントに腹を立てていました。

このような自分の正直な気持ちを上司に伝えたらどう思うか、とても不安でしたが、勇気を振り絞って上司に訴えたところ、上司は意外な反応をしました。

「キッズデーを嫌っている人がいることを知らなかった。社員全員が笑顔になれるイベントだと思っていた」と。

気持ちを受け止めてもらったことで、私も感情的にならずに上司と話をすることができました。

結果的に、私はキッズデーの担当者になりました。しかし、毎年だったイベントを2年に1回に変更するなど、声をあげたことで変わった部分もあり、納得して取り組むことができました。

感情的になって「嫌です！」で会話を終わらせてしまうと、人間関係にひびが入り、その後の仕事がやりにくくなりますね。

相手を不快にさせないように嫌なことを伝えるにはどうすればいいのでしょう。

①事実を伝える（何に対してノーなのか具体的にする・断る理由は簡潔に、率直に）

例：「子供がいない社員の気持ちや視点を考えていないイベントはアンフェアです。人事部としては社員全体にプラスになるイベントを考えたいと思います」

②気持ちを伝える

例：「担当者に任命していただいたことに感謝します。断るような意見を言って申し訳ないと思っています」

③提案（最後まではっきり意思を伝える・代替案を伝える・相手と対等に）

例：「子供がいない社員でも楽しめるよう、部署対抗のスポーツなど、社内のコミュニケーションを活性化するイベントにするのはいかがでしょうか？」

この3つのステップ（事実・気持ち・提案）を踏めば、相手との信頼関係をキープしつつ、自分のしたくないことをしなければならない重たい気分から、抜け出すことができます。

そもそも「嫌です」の意思表示は悪いことではありません。自分の考えを伝えることで、信頼を得るチャンスでもあります。

あなたの人生はあなたが主役。世界は自分を中心に回っていることをお忘れなく♪

嫌なことは「嫌」と意思表示して理由を説明しよう

3

自分らしく輝く女は
道ばたに咲く花に心を動かし
伸び悩む女は
花屋の真っ赤な薔薇を欲しがる

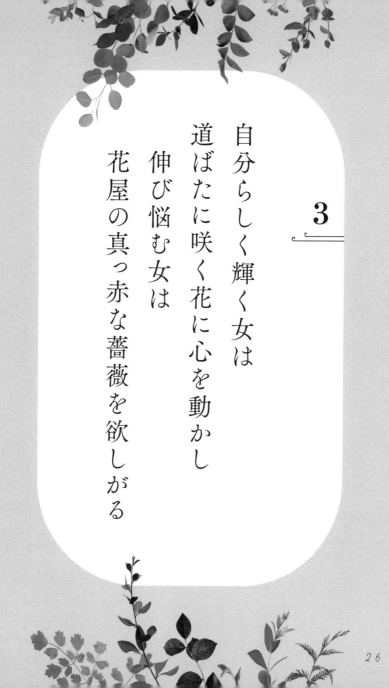

あなたが花を思い浮かべるとき、その花はどんな花でしょう？　水仙、椿、桜、チューリップ、あじさい、朝顔、ひまわり、菊、シクラメン……。花屋さんの店先や、桜などのように自然に目に入ってくる風景などから、季節によって思い浮かぶ花は変わってくるでしょう。

私は華道（池坊）に入門して、40年以上が経ちました。何事にも飽きっぽい私がなぜそんなに長く一つのことを続けてこられたのか、自分でも不思議です。細々と続けてこられたのは多分、花を生ける、その瞬間が心地よいからです。

いろんな悩みや雑念があっても、花を生けるその瞬間は花に集中しますので、それ以外のことを忘れます。それが私にとって精神衛生上とても良い影響を与えているのだと思います。

30代の頃、師匠の先生からこんなことを言われました。

「あなたの花は強すぎる。全部の花が『私を見て！』と叫んでいるみたい。もっと控えめな、隠れるような美しさを表現できたらいいのに」

先生の言葉にハッとしました。

完成した作品は、その人のそのときの精神状態が反映されます。落ち込んでいるときは弱々しい花、何かと戦っているようなときは強い花になるんですね。

何も話していないのに先生から今の自分を見抜かれたような気がして、恥ずかしく思ったものです。気持ちを無にして花に向き合えていなかった証拠ですね。

２０１８年の夏の甲子園。東京代表の日本大学第三高等学校の小倉監督（当時）の言葉が新聞に載っていました。

「みんな咲いた花を見るのは好きだけど、咲くまでの過程には興味がない。花が咲くには強い根があってこそ」

この素敵な言葉から、私の苦い経験を思い出しました。

生け花の花展に作品を出す機会を得たときのこと。

私は試作を繰り返し、必死になって当日の花を準備しました。花展は3日間続くので、途中で入れ替える花も用意しなくてはなりません。花展会場の空調などの影響で生けた花が一日で駄目になるのもよくあることです。

近所のお花屋さんに脇役の花（主役を引き立てるような小さな花）を注文したのですが、イメージしていたよりも少し薄い色の花が届いたので、私はつい「もっと黄色い花が欲しかった」と口にしました。

すると店長が言いました。

「あなたはわがままですね。この花を農家の人がどれだけ苦労して作っているか知っていますか？」

ぴしゃりと叱られてドキッとしました。

店長の言う通りでした。私は自分の都合しか頭になく、花を育て出荷している人のことに考えが及んでいませんでした。

生きている草木は切り取らなければ生き続けるのに、生け花は生きものを切り、生死の境に立たせています。だからこそ緊張感を持たなければいけない。

生け花では生死と向き合っていることにあらためて気づきました。

草花には人の言葉が通じると私は信じています。

ある展覧会に作品を出したとき、主役の花に「ラン」を選びました。

お花屋さんで小さな鉢植えを買ったとき、そのランは固いつぼみを一つつけていました。

私は、「花展の初日に咲いてちょうだいね」と語りかけながら水をやり、太陽の光に気を遣っていました。

すると本当に当日の朝、黄色いパチッとした花を咲かせたのです。花展会場で鉢植えから花を切り取るときの、切ない気持ちはうまく表現できません。そこには生きもの同士のメッセージのやりとりが存在していたような気がします。

花が咲くまでの過程と見えない根っこに心を寄せよう

私たちは何事もつい表面だけ見て判断しがちです。

でも、高価な薔薇の花束にだけ価値があるのではなく、どんな小さな花にも同じように価値があります。

小倉監督の言葉はその花の咲くまでの過程、土の中だから見えないけれど根のことにも想いを馳せ、配慮しなくてはいけないということです。

人間も同じです。

どんな人にも見えない根があり、そこに水や栄養を与えないと花が咲く前に枯れてしまいます。

4

自分らしく輝く女は
「自分だったらどうする？」と考え
伸び悩む女は
「自分には関係ない」と考える

ある冬の日、京都の生け花の教室に参加していた私は、雪に見舞われました。午後から吹雪のような降り方となった雪はみるみる積もり、通常は徒歩2分ほどの距離の学校からホテルまで、20分ほどかかってしまいました。

雪用の靴ではなかったので滑りやすく、転ぶのが怖くて一歩一歩を踏みしめながら緊張して歩いたからです。

それでも、泊まりがけの予定だったので助かった、と思いました。

クラスの仲間の一人は滋賀県在住のため、京都には通いで来ていました。17時に授業が終わると、電車がまともに動いてくれるか心配顔で帰った彼女でしたが、果たしてその心配は現実になり、電車が途中で止まって立ち往生。テレビのニュースでも報道されていましたが、彼女は翌日の朝になってやっと自宅にたどりついたそうです。

混み合った電車の中でどのくらい不安で心細い思いだったかと思うと気の毒でしたが、長時間かかったものの無事に自宅に戻れて良かったと思いました。

翌日、彼女は疲労で休みました。

こんなとき、「自分だったらどうしたら自分の身の安全を保てただろうか？」と考えます。

たとえば、天気予報では雪の警報が出ていましたので、安全策で京都のホテルに泊まる手配をする。

必要な場合は、家族へ外泊の許可をとっておく。

あるいは、先生に理由を話して午後から早退させてもらう。数時間早めに電車に乗っていれば問題なく帰宅できたのだと思います。

仕事では、「自分には関係ないから」「自分の仕事ではないから」と線引きをする人は多いかもしれません。

個人情報保護法が施行された２００５年当時、私は人事部の研修課で、この法律を全社員に学んでもらうトレーニングプログラムの担当者になりました。

この研修はeラーニングで実施し、社員がそれぞれのオフィスの机で空いている時間に受講できるようにしました。

研修が実施される前のチームミーティングでの仲間の発言に、忘れられないものがあります。

「関下さんがヘルプデスクになればいろんな人から問い合わせの電話がかかってくる。私たちはその電話をとりたくない。それは我々の仕事ではないから」

このようにきっぱりと言われたとき、私はそこまで個人主義を徹底しているこの会社の社風に寂しさを覚えました。

その後、私は一人用の部屋に移されました。

案の定、社員から質問の電話が頻繁にかかってきました。

そんな中で、上司が時々顔をのぞかせ、「大丈夫か？」と声をかけてくれたのが救いでした。

ランチなどで席を外すこともあり、そんなときは電話に出られませんから、社員がお客様の人事部にとっては、サービスの質が落ちる時間帯となります。

「これは自分の仕事の守備範囲じゃない」と境界線を引いてしまうと、守備範囲だけの限られた世界から外へ出ていけないというデメリットもあります。

一方、「自分だったらどうするか」と相手の立場になることで、学びが得られ、将来自分の身に起こったときのトレーニングにもなります。

また、助け合いの精神が生まれ、その後の人間関係が好転するきっかけになることもあります。

冒頭のクラスメイトの話に戻ります。

「今夜雪になるから早めに帰ったほうがいいよ」

「私の部屋はツインだから一緒に泊まってもいいよ」

などと、もし私がひとこと声をかけていれば、彼女が大変な目に遭わずにすんだかもしれないとも思います。


教室で共に学ぶ仲間も、仕事仲間もチームの一員。

そうであるなら、誰かを孤立させることなくお互いが助け合いながら、場の雰囲気を良くして仕事の質を高め、結果を出していくことが大事です。

その結果、幸せを分かち合う喜びにつながるのではないかと思います。

誰かがピンチなら自分に置き換えて考えよう

5

自分らしく輝く女は自らメンターになり伸び悩む女はロールモデルがいないと嘆く

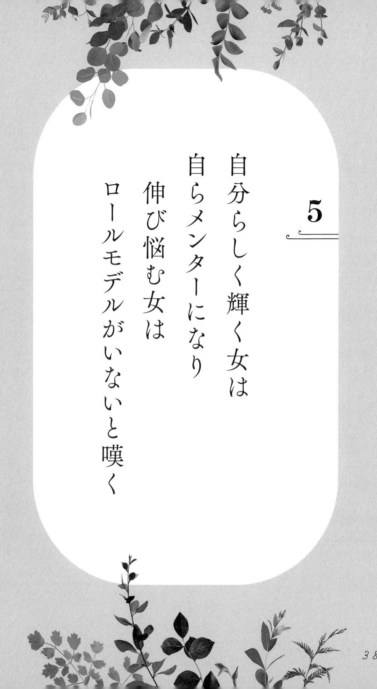

「私にはロールモデルがいない」と嘆く、働く女性が多いと聞きます。ロールモデルという響きには憧れの気持ちのほうが強く、「ロールモデルといえばこの人！」という女性は、ビジネス界やそれ以外の分野で活躍している人々の顔が浮かびます。

たとえば、働く女性のアイコン的存在である勝間和代さんの熱心な読者は「カツマー」と呼ばれ、その人たちで勉強会などが頻繁に行われていた時代もありました。でも、キャリアで成功していると言われる女性がメディアに見せている姿は、ごく一部。その裏側にはたくさんの悩みや困難や、見せたくないものもあるはず。ロボットではなく人間なので当たり前ですが……。

模範にしたいと思える人の考え方を参考にするのはもちろん良いことです。けれども、ロールモデルとして誰かを特定しなくても、自分らしく輝きながら生きていくことは可能です。

ロールモデルなどいらない、私こそが誰かのロールモデルになる！

こんな勢いでなければ環境の変化の波が大きく、多様な考え方がひしめく今の時代にたくましく生きていけません。

30代後半に差しかかるあなたのことを、後輩たちはジッと見つめています。

ぜひ、仕事ではロールモデルのさらに一歩上の、影響力を発揮する「メンター」になってください。

メンターとは、あなたのような経験豊富な人のことです。経験の浅い人（＝メンティ）に対して、キャリア面や心理的・社会的な側面からサポートしていきます。

では、後輩から慕われ、尊敬され、相談されやすい「メンター」になるにはどうすればいいのでしょう。そのためには、次の2つのことが大切です。

①自分のキャリアプランを明確にしておく

今までの仕事の選択について説明ができ、さらに未来のブレない自分像をしっかり映像としてとらえておく。一本の筋が通っていると、後輩へのアドバイスがしやすくなります。

②基本的なビジネスマナーを崩さない

社会人としての当たり前の挨拶、身だしなみ、報告・連絡・相談などの周りとの良好なコミュニケーションがとれているかを見直します。

仕事歴が長いとつい気が緩みがちな、このような基本のきを怠っていないかどうか、再確認してみましょう。

必要なときにメンティの相談に乗り、メンティの成長を見守っていくのが役割です。

メンターもメンティとのコミュニケーションから学ぶこともあり、相乗効果でお互いを刺激し合い、ウィン・ウィンの関係になればパワフルなコンビの出来上がりです。

他人でなく自分の中に理想を持とう

6

自分らしく輝く女は一番を目指さず伸び悩む女は自己顕示欲が強い

「まじめに一生懸命働いている人はたいていの場合、リーダーになりたいなんていう自己顕示欲を持っていないのよね。世界を本当に良くしているのはそういう人たちなのに」

読売新聞（2022年12月16日）の編集手帳に紹介されていたこのセリフは、アメリカ映画『ビフォア・サンセット』の中で、環境保護団体で働く女性が口にした言葉だそうです。

この一文を読んで、私はほっとした気持ちになりました。

38歳の頃、一つの部門で経験値を積むと、おのずと昇進というハードルが私の前にも現れました。

私は学生時代から、誰かのサポート役がしっくりくるタイプでした。

社会人になってもリーダーシップを求められるポジションより、プレーヤーとしてコツコツ目の前の仕事に取り組み、自分の役割をきっちりこなすことに心地よさを感じていました。

責任ある立場は給料も上がり、やりがいを感じられるかもしれません。

けれども、自分の能力を超えるものを要求され、私はプレッシャーに打ち勝つどころか押しつぶされてしまう……。これはもう、直感でわかっていました。


そこで私がとった行動は、他部門に異動することでした。外資系銀行の国際業務部から人事部へ。まるで別の会社に転職したかのような環境の変化でした。

まず派遣社員の方から仕事を教えていただきながら、とにかく早く仕事とその流れを覚えよう、部門の中での人間関係に馴染もうと必死でした。

そうして、新入社員が担当するような郵便物の受け取りなどの仕事も進んでやっていると、エレベーターの中で以前の部署の後輩と一緒になり、こんな言葉をかけられました。

「関下さん……。かわいそうに！　そんな仕事をやらされているんだ……」

同情というか憐れみを含んだ視線を投げかけられたとき、「ああ、外からはそんな風に見えるんだ」と、面白く感じました。

私はイヤイヤではなく、むしろ楽しんで新しい仕事に取り組み、何でも吸収したいと思っていたのです。今振り返ってもその頃の新鮮な気持ちをありありと思い出します。

女性活躍推進法ができたとき、私は正直なところ違和感を持ちました。

今も日々頑張って活躍している女性に、これ以上活躍しろとはどういうことなのでしょう。

人によって活躍の場はそれぞれ。女性の管理職の割合が低いことが外国と比較されて問題になることがありますが、管理職になり部下を持つことだけが活躍ではないはずです。

もちろん、管理職になるメリットもたくさんあります。一番のメリットは、自分の裁量で決められる物事の範囲が広がることだと思います。

私が今、自宅で生け花を教えている生徒さんの中に、大学の学部長をしているアメリカ人女性がいます。

多忙なスケジュールをやりくりしながら通ってくる彼女に「平日の午前中のお稽古でも大丈夫ですか？」と聞くと、「私が会議の日程を決めるので大丈夫です」と笑顔で答えてくださいました。

私の好きなイラストレーターの安西水丸さんの言葉とその解説が、朝日新聞の「折々のことば」にありました。

「絶景ではなく、車窓の風景のような人間でいたい」

目立ちたいとも、強い印象を残したいとも思わない。一人ぽつんと立っていても、土地に溶け込み、周囲や背景にいる人、いた人のことまで匂わせる、そんなきちんとしたワン・オブ・ゼムでいたいということか。

通勤電車や通勤バスから外を眺めるといろんな人の生活が目に入ってきます。

子供を自転車の後ろや前に乗せて勢いよく走っていく人、アパートのベランダの洗濯物や鉢植えの植物たち……。

日々の時間を大切に過ごしながら生きる、生きていける環境に恵まれていることに感謝する。それだけで幸せになれます。

人から評価されたい、誰かに負けないように、と焦らなくてもいいのです。

「自分が自分が」と目立とうとしない

7

自分らしく輝く女は
一見無駄なことにもおおらかで
伸び悩む女は
常に合理的であろうとする

職場では、行動規範や業務マニュアルのようなものには書かれていないのに、なぜか先輩から引き継がれて続いている、変なしきたりのようなものがあったりします。

「それって無駄なことじゃないの？」

「まるで昭和ですね。令和の時代、もうそんなことはやめましょうよ！」

などと、つい口を出したくなる場面はないでしょうか？

もしそれが仕事の改善に繋がるなら、どんどん提案していったほうが良いと思います。

しかしながら皆さんきっとすでにご存知のように、言い方に気をつけないと痛い目にあいます。

正論を口にすると、筋が通っているからこそ、相手を面白くない気持ちにさせます。せっかくの提案が人間関係をただ悪化させただけだった……という残念な結果になりかねません。相手のメンツを潰さないようにしたいものですね。

そのためには、まずは普段から風通しのよい、何でも話せる雰囲気をつくっておくことがポイントだと思います。

上司や先輩に「彼女が言うのなら仕方ないね、とりあえず話を聞いてみようか？」と思わせる、信頼される存在になることが、まず第一ではないでしょうか。


私が40歳前後の頃は、あらゆることを合理的に処理することがカッコイイと思い込んでいました。

ですから感情的になる人、筋が通らない言動をする人、時間の無駄と思われるような動きをする人を見ては、イラッとしていました。

今思えば、なんて柔軟性のない人間だったのかと恥ずかしくなります（今でもそんな自分が時々顔を出しますが……）。


実は、仕事以外のちょっとした雑談の種のような、小さな遊び心も大事なのです。

遊び心は「間」を生みだし、人と人の繋がりにゆとりを生み出す効果があります。

外資系銀行時代の先輩は毎年クリスマスの季節になると、小さなリースやツリーをいくつかの部屋に飾っていました。

「そんなことをしている時間があったら仕事したら？」などと、私を含めて冷ややかな目で見る人もいました。

その一方で、飾り付けを見ると「ああ、またこの季節が来たんだわ」と感じていました。「今年はクリスマスプレゼントに何を買おうかしら？」と、プレゼントを贈りたい人の顔が浮かんだものです。

毎年恒例の先輩の行動は、仕事には直接関係ないかのように見えますが、私や周囲の人の心に潤いを与えていたのも事実です。

その心の潤いは、仕事へのギアチェンジが必要なとき、ニュートラルな自分に戻してくれる役割があったように思います。


私が所属している生け花の支部の月に一度の勉強会では、役員が数種類のお菓子を買ってみんなに配るのですが、お菓子をその場で食べずに持って帰る人が多く、私はこう思っていました。

「好きでもないお菓子をもらっても嬉しくないし、経費がもったいない……。役員も買い物に時間がとられるし、余計な仕事をさせられてかわいそう。こんなことやめればいいのに……」

ある日、支部長の先生と雑談をしていたとき、このことを伝えてみました。

すると、先生はこうおっしゃいました。

「あなたたち若い人は、何でも合理的なのが良いことと思っているけれど、それは間違い。お菓子は自宅に持ち帰れば家族とのコミュニケーションのきっかけにもなるのよ。『今日はどんなお菓子が出たの？』と夫や子供と話すのも楽しいわよ」

私は、「なるほどー！　そんな展開があったのか」と思いました。

そして、自分の合理的思考の強さをあらためて思い知りました。

お菓子の嗜好も人それぞれ。

誰かの会話のきっかけになるのなら、お菓子もとっても貴重な存在です。一見無駄に感じることにも、いろんな笑顔を生み出す種が隠れているんですね。

無駄を省く合理的な考え方も生きていく上では必要ですが、合理的な考え方が行きすぎると、面白みのない人というイメージになってしまう可能性があります。

遊び心はなくてはならない潤滑油。

誰かを笑顔にすると、回り回って自分も笑顔になれるでしょう。

**無駄と感じることの中にも
良い面を探してみる**

chapter

2

キャリアプラン

1

自分らしく輝く女は
キャリアをジャングルジムととらえ
伸び悩む女は
キャリアを一本の梯子ととらえる

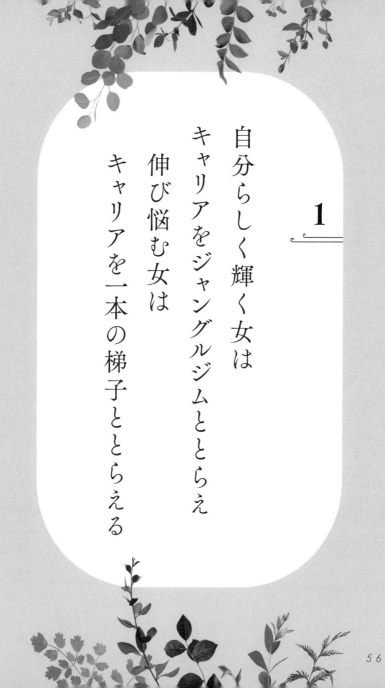

あなたは、人生ゲームで遊んだことはありますか？

ルーレットを回してゴールを目指す途中には、良いことも悪いことも、色々な出来事が待ち受けています。

時々休んだり、前の人を追い越したり追い越されたり。

最新の人生ゲームでは、仕事内容や転職という選択肢も増えているようですが、仕事を含めた人生は、このゲームのように一本の線を前進したり後退したりするものだということが、私たちには刷り込まれているようです。

そう、まるで一本の梯子のように。

上るか下るか、あるいはそこにとどまるか……。それしか選択肢がないかのように。

しかも上るほうが常に良いことだと、私たちは思い込んでいないでしょうか。


全米で大ベストセラーになったシェリル・サンドバーグの著書『LEAN IN　女性、仕事、リーダーへの意欲』には、当時Facebook（現Meta）のCOOであったサンドバーグの、働く女性へのメッセージが熱く語られています。

その中で私が何度も読み返す箇所が、「キャリアは梯子ではなくジャングルジム」だという箇所です。

キャリアを梯子にたとえてしまうと、上る、とどまる、下るの3つしかありません。見上げると誰かのお尻が見えている。下を向けば誰かの頭が見えるだけ。なんとも窮屈で広がりのない、視野の狭いつまらない景色です。

一方でジャングルジムにたとえると、キャリアの進む方向は上下、左右、斜めと、色々な空間を行き来できます。

好きな景色のところでゆっくり休息をとり、英気を養うという選択肢も出てきます。それに、キャリアは「ジャングルジム」だと考えると、子供の頃に遊んだシーンを思い出し、楽しい気持ちになりませんか？

女性のキャリアは、大きなライフイベントである結婚、出産、育休はもちろん、親の介護、パートナーの仕事の状況（転勤、転職）、家族の健康状態の変化などの外的要因によっても、大きな変化の波が押し寄せます。

また、転職をしようとすれば、必要な資格を取るために学校に通うなど、時間が必要になるかもしれません。

そんなとき、「キャリアは梯子じゃなくジャングルジムだ」と思えれば、焦ることなく自分のジャングルジムを自分の意思であっちに行ったり、こっちに行ったりする自分が想像できます。

女性に限らないと思いますが、人はすぐ、人と比較して自分が後れをとっているのではと考えがちです。

実は私自身もそうでした。

同年代の女性で子供がいる人に、育児の大変さや子供の成長の楽しさを語られるとき、子供がいない私は置いてきぼりにされたような、寂しい気持ちになった経験があります。

人が持っているもので、自分もそれが欲しいのに持つことができないというものは、子供だけに限りませんね。家柄、経済力、家族構成、持って生まれた能力など、色々あります。

でも、自分がすでに持っているものが、実は誰かに羨ましがられるものである可能性だってありますよね。あまりに身近すぎて、そのことに気がつかないというものもあるかもしれません。

たとえばこんなことです。

・業界を超えていろいろな人脈を持っている
・学生時代の先生や友人といまだに連絡を取り合っている
・長年続いている趣味の世界を持っている
・感じの良い笑顔で人と接することができる
・ユーモアで人を笑わせることができる
・一緒にいるだけで相手に安心感を与える

本人にとっては当たり前すぎて、自分では自分の持つ幸せに気がついていないものです。

誰かと比べなくても良いのです。

自分だけのキャリアのジャングルジムをいろんな色で塗りながら、自分がいる場所を居心地よく、眺めのいい素敵な場所にできるかどうかは、自分次第です。

自分だけのキャリアを楽しみながら築いていこう

2

自分らしく輝く女は
いつでも初心者になり
伸び悩む女は
経験値の高さに満足する

年齢を重ねるにつれ、仕事も暮らしも、若い頃に想い描いていた理想とは違っていたとしても、それなりに回るようになります。

経験から学んだ生き方のコツみたいなものも身に付き、安定した日々を時間をかけて自分のものにしたと満足するのも、30代後半ならではの特権かもしれません。

私は38歳のとき、思いきって社内の、これまでまったく経験のない畑違いの人事部に自ら希望して異動しました。

1年生となって仕事を覚えるとき、何も知らない状況から、一から新しいことを覚えて学んでいくプロセスに、苦しさではなくむしろ新鮮な喜びを感じたことは、自分でも意外でした。

何も知らないというのは、強みだと思います。

「えー！　そうなの？　知らなかった……」という発見が面白いので、さらに知りたくなり、知識が増えることへの喜びに繋がります。

人事部に異動して数年後、私は社内研修の講師の仕事に挑戦しました。

人前で話すことは大の苦手でしたので、私はどうして苦手なことにチャレンジしているのかと自分でも不思議でした。

何度練習しても足りない気がしていました。

研修デビューの前日は、「電車のトラブルで遅刻したらどうしよう！」と不安だったのと、緊張で眠れないので、せめて近くにいて通勤時間も練習に充てようと、会社の近くのホテルに泊まりました。


そうしてついにやってきた研修講師のデビューの日。

最初、私の声は震えていたと思います。

それでもだんだん調子が上がっていき、ついに予定のプログラムを終えたとき、快い達成感がありました。

受講者が書いた研修後のアンケート用紙に、怖々目を通したら、こんなコメントがありました。

「先生にも初心者の時代があるんですね。そんなことにあらためて気づかされました」

これは私が新人研修を担当した女性社員からのコメントで、私へのエールのメッセージだと感じました。

私は常々、楽器を抱えている人を見ては「いいな……」と憧れていました。

そんなある日、キーボード奏者をしている従姉妹の娘に、話の流れの中で「私も何か楽器を習おうかな?」と軽い気持ちで言ったところ、「何の楽器がいい?」と聞かれました。私は、「そうねえ……クラリネット!」と昔から漠然と憧れを持っていた楽器を即答していました。

さらに「いつ始める?」と彼女に言われ、「それじゃあ、今でしょう!」というノリで、コロナ禍真っ只中の2021年、私はクラリネットを習い始めました。

子供の頃からぼんやりとクラリネットに憧れていたものの、学生時代には吹奏楽部とも縁がなく、まったくの初心者です。

楽器にももちろん触ったことがありませんでした。

クラリネットの先生、30代のY子先生とは、Facebookの繋がりでご縁ができました。

初めは、音を出すだけでも大変です。音を出すために使う「リード」の調子も、その日の気温や湿度に左右されます。

美しい音色とはほど遠いものの、月3回のレッスンが楽しくてたまりません。知っている曲が少しずつ吹けるようになる喜びがあります。


先日、教室の生徒がそれまでの練習成果を発表する「おさらい会」が開催されました。

生徒それぞれの演奏が終わった会の最後に、先生はクラリネットではなくバイオリンを披露され、我々生徒たちの意表をつきました。

プロフェッショナルとしてのクラリネットの美しい音色の演奏ではなく、習い始めたばかりというバイオリンを披露されたのです。

私たち生徒は、静かに感動していました。

演奏の後、先生は笑顔でこうおっしゃいました。

「初めてバイオリンを習いながら、クラリネットの初心者の生徒さんの気持ちがよくわかりました」

こんな素敵な先生と出会えて、私はとても幸せだと思いました。

このように、いつでも初心者になれる、その柔らかい姿勢は私たちに勇気を与えてくれます。

何も知らない まっさらな状態になってみる

3

自分らしく輝く女は10年後の変化を前提にし 伸び悩む女は今の状態が続くと思い込む

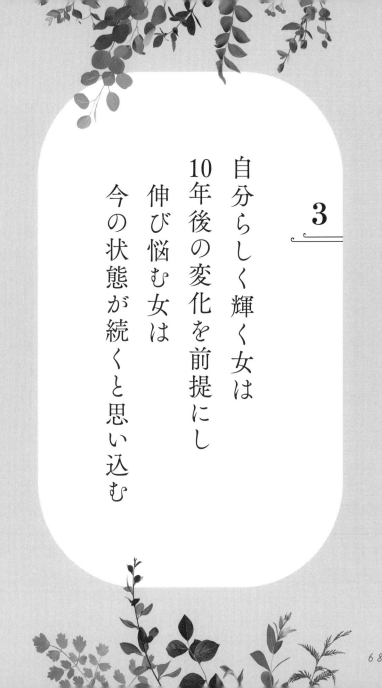

仕事の経験値も上がって、職場の人間関係にも慣れ、安定した日常が繰り返されるとき、私たちはその安定から抜け出したいと思うでしょうか。

その場所（ポジション）の居心地が良ければ良いほど、そこからあえて抜け出すには、ある程度の固い決心と勇気が必要になってきます。


38歳の私が、外資系銀行の人事部研修課でベテランになってきたときのこと。

研修当日の早朝、受講者の机や配布物を準備していると、そこに外部講師の先生が入ってきました。

朝の挨拶の後しばらくして、先生は部屋中を動き回る私に「関下さん、なぜ社員研修の講師にならないの？」と声をかけてきました。

私は、「まさか！　私が講師などできるはずがないじゃないですか！　とんでもない」と、とっさに笑顔を取り繕いながら答えましたが、心の中の声はこうでした。

「どうしてそんなことを言うのだろう？」

「このまま慣れ親しんだ仕事をコツコツやるのが私の役目」

高卒で英語もできない私が、高学歴揃いの外資系銀行で生き延びてきただけでも十分に思えたのです。

でも、戸惑いと腹立たしさを覚えながら部屋を出るとき、「私はこの仕事に本当に満足しているかな？」と自分に問いかけたのも事実でした。

当時の私は自分の仕事にやりがいを感じており、社員研修の企画、運営のルーチンをこなすことにも何の疑問も持っていませんでした。

そんな私に先生が投げかけた言葉は、まるで急に直球が飛んできたように私を驚かせました。それが、自分を俯瞰して見つめるきっかけになり、「実はこの仕事に満足しているはずだと、自分に言い聞かせているだけなのでは？」という視点が生まれました。

そうして、一晩じっくりと自分に向き合い、出した結論はこうでした。

「本当は今の仕事に飽き飽きしている！　新しい刺激が欲しい！」

翌朝、上司に「何か新しい仕事がしたい」と申し出ると、上司は「ちょうど良かった。リーダーシップ研修の社内講師を養成したいと思っていたから、やってみる？」

と言いました。

この偶然のタイミングが、私のその後の仕事人生を大きく変えることになるとは、当時38歳の私はまったく想像もしていなかったことでした。

アメリカの教育学者スーパーによるキャリア理論に、「ライフキャリア・レインボー」というものがあります。

キャリアは職業だけではなく、年齢やライフステージ、役割の組み合わせであり、その経験の積み重ねによって形成されるという考え方です。

たとえば、人生を太陽の動きになぞらえると、朝日が昇る幼年期を過ごし、午前中は成人前期となり、正午（12時）が40歳。午後は中年期に差しかかり、太陽が西に沈む頃、老年期を迎えます。

この本を読んでいるあなたは、今まさに人生の正午を迎え、午後の実りある日々に向けての転換期に差しかかっているのです。

キャリアレインボーは何色かの線（ライン）＝役割によって虹を描きます。役割は人によって違いますが、こんな役割が考えられます。誰かの子供である、学習者である、組織で働く人である、誰かの配偶者（パートナー）である、家庭人である、誰かの親である、趣味を楽しむ人である、市民である、などです。

それぞれの役割の線の太さは、幼年期から人生が終わるまで変化します。

ある女性（38歳）のキャリアレインボーは、家庭人と親としての線が太い。一方で、働く人、学習者、趣味を楽しむ人、子供としての線が細い。

これは、育休中の女性の典型的な事例です。一日の大半のエネルギーを子育てと家庭につぎ込み、その他の役割をする時間的余裕がないのがわかります。

しかし、彼女のキャリアレインボーは年齢を重ねるごとに変化します。仕事の線が徐々に太くなり、他の線も微妙に変化します。

子育てに時間を取られなくなると仕事へのエネルギーの使い方が変わり、親との時間や趣味、学習にかける時間が増えてくるからです。

38歳はまさしく人生を俯瞰して考える絶好のチャンスです。

「私の置かれている立場はなんて大変なんだろう！」と悲観し嘆く必要はありません。今のあなたを取り巻く環境は、職場もプライベートも、時間の経過とともに必ず変化していきます。

その変化に対応できるスキルを磨く、やがて必要になる知識を察知して学ぶ、そして……、今しかできないことを心から楽しむことも忘れないでください。

変化を前提にしながら今を楽しめる人こそが、自分らしく自然体で生きられるのだと思います。

さらに10年後の、48歳の自分も視野に入れながら、長期的な人生のプランをワクワクしながら描いてみませんか？

未来の「こうありたい自分」を想像してみよう！

4

自分らしく輝く女は
上司の欠点をカバーし
伸び悩む女は
上司の欠点を指摘する

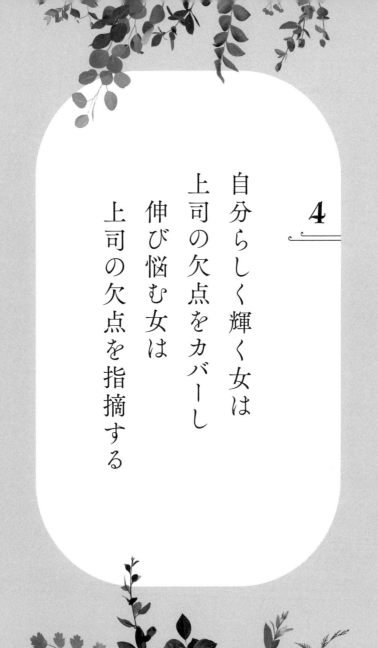

あなたは、上司との人間関係がうまくいっているでしょうか？

「とてもうまくいっています。なぜなら今の上司は私の理想の上司ですから」

そう言い切れる人は、とても恵まれていて幸せな人です。自分がいかに幸運か、かみしめる必要がありますね。

とはいえ、理想の上司と思える今の上司と巡りあうまでに、理想とかけ離れた上司と何年も渡り合い、その数々の苦労の結果、今の素敵な上司と出会っている人もいるかもしれません。

それでも、その幸福はつかの間のもの。永遠ではありません。上司の転勤や異動、あるいはあなたが転職するかもしれません。

新しく上司になる人は、またあなたの理想とかけ離れた人かもしれません。その覚悟はいつでもしておいたほうがよさそうです。

上司は、あなたのキャリアのドアを開いてくれる人です。

どんなに上司と馬が合わない、生理的に嫌いでも、上司はあなたを評価する人なので、その評価次第でやりがいのある仕事を任されたりお給料が上がったり。あなたにとって、とても重要な人物であることをお忘れなく。

大人の女性なら、個人的な感情を封印するのもお手の物のはずですね。

上司をいかにして勝たせるか、言い換えると良い気分にさせるかが、運命の分かれ道です。

私の恥ずかしい失敗談を披露します。

外資系銀行にいた頃、決して上司を批判するつもりもなく、ただチーム全体のためによかれと思って上司に提案したことが、上司の怒りを買ったことがあります。

「年初に個人の業績目標を決めるための面接をしたらどうですか？　その方が年末の評価がしやすくなると思います」

と、私は建設的な意見を述べたはずなのに、どうして上司は顔を真っ赤にして怒るのだろうか？

当時の私は、上司に理解してもらえなかったことがとても不思議でした。

しかし、後で冷静に上司の立場で考えてみると、私が提案した内容は上司にとって「あなたはここができていませんよ」と部下に指摘されたのと同じでした。私の発言は、上司のメンツを潰してしまったのです。

上司が怒ったのは、痛いところを突かれたからです。人は、自分でもわかっていた自分の弱い部分を誰かに突かれると、自分の立場が踏みにじられたように感じることがあります。

上司は怒りの感情をストレートに表現した、考えようによっては正直な人です。大人のあなたなら、私のような子供っぽい失敗はしないと思います。何でもかんでもよかれと思ってまっすぐ発言しない。相手の立場を考えて、言うタイミングや言い方を工夫しなくてはいけないとそのとき学びました。

上司も人間です。完璧ではありません。上司に完璧を求めるから不満が生まれるのだと思います。

私の会社生活25年の間には、色々なタイプの上司がいました。

上司の顔を思い浮かべるとき、弱さやスキが多かった人のほうが印象に残っていますし、学ぶことが多かったと懐かしく思い出します。

弱い部分を持つ上司のほうが、人間味があっていい。

また、上司の欠点をカバーすることに徹していくと、自分の守備範囲が広がります。上司がエラーをしたら、転がったボールを拾ってアウトにする。これを重ねていくと、自分の筋肉がついていきます。筋肉がつけば、さらに次のレベルの仕事だってこなせるようになるものです。

だけど、どうしてもこの上司についていけないと感じたら、無理しないでその場から逃げるのもあり。

自分が病気になってしまったら元も子もありません。新たなチームや職場に移籍することを考えましょう。

今の職場が唯一の居場所ではありません。世の中にはたくさんの職場があります。視線を外に向けてみましょう。

それでも、もしそこまでのストレスになっていないのなら、上司の欠点を嘆いてイライラするより、上司のカバーに入ったほうが絶対に得。

あなたの表情も明るくなって、仕事が気持ちよく進むようになりますよ。

上司を「勝たせる」ことも、キャリアのドアを開く鍵になる

5

自分らしく輝く女は
新しい学びを見つけ出し
伸び悩む女は
誰も教えてくれなかったと言う

受験勉強が終わり、学校を卒業した後、新しく何かを学んでいますか？

もちろん仕事に必要な知識を身に付けるために学んだことも多々あったと思います。

社会に出て約20年を迎えようとしているあなたは、ベテランの領域に達し、「さあ、これから何かしなくては」とその何かを探している人、あるいは今の仕事を深く極めようとしている人もいるでしょう。

この20年の変化のスピードはとても速く、ＤＸ（Digital Transformation＝デジタル革命）を迎えていますが、あなたの置かれている環境はいかがでしょうか？

最近、「リスキリング」という言葉をよく聞くようになりました。

日本では「学び直し」と訳されることが多く、社会人が大学などで学び直す「リカレント教育」や「生涯学習」のようなものと、どこに違いがあるのかわからなくなります。

後藤宗明氏（ジャパン・リスキリング・イニシアチブ代表）によると、リスキリングは「reskill」の動名詞で、「新しいスキルを身に付けさせる」という意味があります。

企業が従業員に新しいスキルを身に付けさせ、デジタル化などによって社内でなくなっていく職種から移ってもらうことを指します。

たしかに、ＡＩなどによって仕事の過程が最適化され、将来なくなる仕事が出てくるなら、今の自分の仕事の未来について考えてみる必要があります。

ひたひたと迫るデジタル革命を前に不安を感じているけれど「今の職場が心地いいから、まあいいや！」と何もしないでいると、危険だということです。

具体的に言うと、まだまだあると思っていた、いや、思い込もうとして疑わないでいた自分の存在価値がいつの間にか低下して、気がつくと周囲から出遅れて身動きがとれなくなってしまうかもしれない、ということです。

「私はこの職場で必要とされているか？」というセンサーは敏感にしておいたほうがいいと思います。

そのためには、いつも見ているＳＮＳなどの情報だけに頼らない姿勢が大事です。

私たちが検索するサイトやＳＮＳは、アルゴリズムによってその人が好む、心地よい情報しか集まらなくなってしまう危険性があるからです。

たとえば、デジタル版も含め、新聞なら全体に目を通します。一見自分とは関係のない記事と思っても、実は巡り巡って自分の生活につながってくる事柄かもしれません。

そして、職場での情報収集も大切な仕事です。

いつも同じ人とランチに行くのは、気心が知れているので楽です。でも、同じメンバーでは偏った情報しか集まりません。

新しい人に声をかけるのは勇気がいりますが、意識的に幅広い層（年齢、役職、異業種の人など）と接する機会を持ち、意見を交換したり悩みごとを共有したりしながら、自分を客観的に見る目を常に持つといいと思います。

そうして今の自分に何が足りないのかをキャッチして、新たな学びを探して動いていく。このフットワークの軽さが、身体でも気持ちでも「若さ」の秘訣になるのだと私は感じています。

「リスキリング」は、会社がやってくれるだろうからと指示を待っているのでは、乗り遅れてしまいます。

『チーズはどこへ消えた？』（スペンサー・ジョンソン）を読んだのは20年前ですが、この本は私に衝撃を与えました。

この本の中で、チーズは、私たちが常に求めている仕事や家族、お金や身体の健康と心の安定等の象徴として描かれています。

今読み返しても色あせないこの本の中から、気に入った部分を引用します。

「自分のチーズが大事であればあるほどそれにしがみつきたくなる」
「つねにチーズの匂いをかいでみること　そうすれば古くなったのに気がつく」
「従来どおりの考え方をしていては新しいチーズはみつからない」
「早い時期に小さな変化に気づけばやがて訪れる大きな変化にうまく適応できる」

残念ながら手に入れた自分のチーズは永遠にそこにあるわけではありません。

さらには、そのチーズを大事に思っている自分自身も、やがて消え去る運命にあります。

であるならば、今やりたいこと、いつかやろうと思っていたことに向かってすぐに具体的に動いてみる。変化は苦しさを伴いますが、やがて楽しみに変わっていきます。そのプロセスも楽しんでしまいましょう。

新しい学びを楽しみに変えて潑剌としているあなたこそ、素敵に輝く大人の女だと思います。

好奇心を忘れずに、興味のあることはどんどん学ぼう

6

自分らしく輝く女は面倒くさいほうの道を選び伸び悩む女は楽な道を選ぶ

何を隠そう、私は迷うことなく楽な道ばかり選択していました。高校を卒業した18歳から銀行員になり、早くも22歳で専業主婦になった私は、人生を勝ち切ったかのような錯覚の中にのほほんと生きていました。

しかし、22歳のとき、桐島洋子さんの『聡明な女は料理がうまい』という本に衝撃を受けました。目次だけを見ると料理の本ですが、エピソードを通して語られるメッセージは性別に関係なく、自分らしく生きていく上での姿勢と指針を示してくれます。

そんな彼女の潔い美学に刺激を受けた私は、「このままだらだらと日々を過ごせば、聡明な女とは真逆の、怠惰な女になるぞ」と危機感を持ったことを覚えています。

この本の中にこんなエピソードがあります。

料理をしたことがない友達をホームパーティーのシェフに任命し、あえて難しい料理に挑戦させます。本当に作れるのか不安になっている友達へのひとこと。

「処女作をハムエッグにして挫折したら立ち直りがたく屈辱的だけど、モリュー・ベシャメル・オ・グラタンを作りそこなったというならユルセルんじゃない」

簡単なことに失敗したら心底落ち込むけれど、難しいことにチャレンジして失敗したら、それは武勇伝になるかもしれない、と私の心に刻まれました。

それから十数年後、環境が一転して仕事に没頭する中で、私にはコンプレックスがありました。外資系銀行では、高学歴で外国語ができて当たり前の人ばかり。私は高卒で英語力が低く、英語での会議が苦痛でたまりませんでした。

コンプレックスを埋めるべく、仕事をしながら大学に通いたいとは漠然と考えていましたが、何を学びたいかがはっきりせず、時間ばかりが過ぎていきました。

そんなとき、仕事を通して「もっとこの分野のことを知りたい！」という熱い気持ちが生まれ、仕事仲間に聞くと、「それは大学院で勉強するといいよ」とのこと。「高卒の私が大学院なんて夢のまた夢！」と諦めかけていたとき、「大学が受験の資格があると認めれば、受験できる道もある」という朗報を聞いて飛びつき、大学院受験の前の段階の試験に臨みました。

そこで面接官の先生に、「うちの学部で大学院に高卒の人がチャレンジしてきたのはあなたが初めてですよ」と言われ、私は「チャンス!」と思いました。だって前例がないのなら、比較されない。前進あるのみと、俄然元気が湧いてきました。

試験の結果、無事大学院受験の資格を得た私は、過去問を取り寄せて着々と準備に励みました。私は高卒なので社会人受験ではなく一般受験で、試験内容は筆記と面接です。筆記は2つの英文を読み、どちらかを選んで日本語で要約し、考察せよというもの。面接は提出した研究計画書に関して質問されました。

さて筆記試験当日。大学院で研究したいと思っていたテーマに近い内容の英文を要約しようとしたところ、知らない単語が多すぎてパニックになり、やっぱり私には大学院は無理だったと、カーテンから漏れる光を見ながら心の中で弱音を吐いていました。

でも、試験監督の先生が前の席に座っている姿を見て、「ああ、こんな感じのいい先生の授業を受けてみたかったなー」と思ったのです。そこで、「ここであきらめてどうする！」と我に返り、わからない単語なら想像して要約しようと開き直って普段から感じていた自分なりの考察も時間内に書き上げることができました。

しかし、あまりにも時間が足りなかったので丁寧に原稿用紙のマス目を埋めることはできず、マス目を無視して走り書きのように書いてしまいました。こんな乱暴な受験生はきっといないでしょうね。

面接にはお気に入りのパンプスを履いて、勝負スーツで背筋を伸ばして臨みました。当時は仕事で学生の面接もしていたので、「今日は逆のパターンだわ！」とちょっと面白がるような余裕も持っていたような気がします。


駄目で元々、で挑戦した受験でした。合格発表で自分の番号があっても信じられず、事務局にわざわざ電話して、間違いではないか確認したくらいです。

大学院ではクラスメート、先生方など、実に様々な年齢、職業と考え方の人々に出会いました。たくさんの刺激のシャワーを浴び、世界がものすごく広がりました。

仕事をしながら授業に出る、レポートを書く、発表をする、修士論文を書くなど、つらいこともありましたが、無事必要な単位を取り、卒業できるとわかったときの達成感は至福でした。

高校時代の夢は専業主婦。嫌な勉強から逃げるためにも就職したほうがマシ。そこで見つけた人と結婚して、その人が私を幸せにしてくれる。そう信じていました。でも、大学院を出たことがきっかけで仕事の方向が変わり、本を書く、大学で教壇に立つなどといった今の仕事に出会えました。

大学院受験という、今思えば極めて面倒なプロセスに挑んだおかげだと思います。楽な方に逃げるのではなく、あえて面倒な方を選ぶことで、自分の世界が広がっていきます。

あえてハードルの高いことにチャレンジし、隠れていた自分を発見しよう

7

自分らしく輝く女は
偶然をチャンスに変え
伸び悩む女は
予期せぬ出来事におびえる

日本でも配信された韓国ドラマの話題作『愛の不時着』は見ましたか？

コロナ禍の初期の頃、家で過ごす時間が多かったときに友人から勧められたのがこのドラマ。それまで韓国ドラマには興味がなかった私がまさしく〝沼〟にはまりました。第1話から第16話までを何周したかわかりません。何度見てもどんな場面も面白く、愛すべき癖のある人たちの言動に釘付けになるのです。できることなら、まだドラマを見ていない自分に戻り、もう一度最初から見たいと願うくらいです。

このドラマの主人公の言葉で印象的だったのがこれです。

「時には間違えて乗った汽車が目的地に連れて行ってくれる（Sometimes the wrong train takes you to the right station.）」

『愛の不時着』の主人公ユン・セリがインドの諺として口にしたこのセリフは、「間違えて乗った電車の中で新たな出会いがあり、別の幸せな日々を送る可能性もある」。

あるいは、「間違った電車に乗ったことに気づかないまま遠回りをしたけど正しい電車と終着駅は同じだった。遠回りした分、色々な景色が楽しめたのかもしれない」ということでしょう。

まったく予期していなかった偶然の出来事が、その後の人生を結果的に豊かなものに変えていくという点では、キャリア理論の一つと共通点があります。

アメリカの教育心理学者クランボルツ（専門はキャリア論）は、キャリア意思決定における社会的学習理論を唱えました。

キャリアとは綿密に計画されたもの、準備できるものというより、むしろひょんな出来事がきっかけで切り開かれていくものだという考えです。

以前、私は会社で生け花をするクラブに所属しており、殺風景なオフィスに潤いが生まれればいいなと、先生の手直しが終わった作品を、自分の部署があるフロアの廊下に飾っていました。

そこは社員も外部の講師もたくさん通る場所で、中には私の作品を見て自分もクラブに入りたいと言ってきたアメリカ人の男性もいました。

ある日、飾っていた作品を見た外部講師の方が「うちの中学生の娘にお花を教えてほしい」と頼んできました。私は自分の趣味でやっているだけでしたので、人に教えることができるだろうかと最初は躊躇しました。

でも、人に教えるならば自分がもっと生け花に真剣に向き合わなければ、という気持ちが芽生えたのです。

学校が終わってから我が家にやってくるようになった、生徒第一号の彼女との時間は私にとって楽しい時間になりました。

今では、大学生に成長した彼女の他にも、新しい生徒さんが増えました。生徒さんと一緒に生け花というクリエイティブな時間を共有することが、何よりの楽しみになっています。

花をオフィスの廊下に飾っていなかったら、生徒を持つなどという展開にはならなかったと思います。偶然の出来事は、意外なキャリアのドアを開いてくれました。

問題は、いつその予期せぬ出来事が訪れるかわからないという点。

キャリア理論を唱えたクランボルツは、そのチャンスを見逃さないように、予期せぬ出来事が起きるときのために準備しておく必要があると述べています。

偶然の出来事をきっかけにして、結果的に望むキャリアにつなげていくためにオススメしたいことは、次の3つです。

①オープンマインドでいる

他人に対して心を開く。決めつけをせず人の話に耳を傾ける

②学ぶことを止めない

好奇心を持ち情報を集め、どんなことからも学ぶ姿勢を持つ

③行動を変える

人のアドバイスには素直に従い、新しい行動を身に付ける

年齢に関係なく、「人として成長したい！」という気持ちを持てる女の合い言葉は、

「予期せぬ出来事、大歓迎♪」です。

予期せぬ出来事は、どちらかというと「想定外」とネガティブにとらえられがちです。

けれども、そのハプニングをプラスにとらえて乗ってみる、「冒険してみよう」という気持ちも大切なのだと思います。

何かを求める気持ちがあれば
偶然はやがて必然に変わる

chapter

3

仕事との向き合い方

1

自分らしく輝く女は
世代のギャップにひるまず
伸び悩む女は
Z世代が苦手

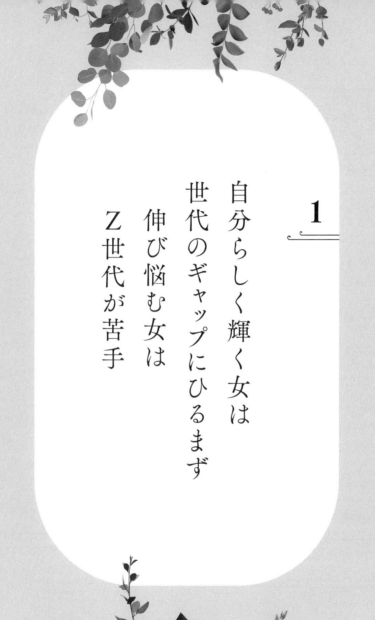

20代の、いわゆる若手とひとくくりに呼ばれた頃、私たちは様々な先輩からアドバイスや指導を受けることがあったことと思います。

あなたもそんなシーンをいくつか思い出すでしょうか。

仕事で一人前になるとつい忘れがちなことですが、「この子を育てたい」という身近な先輩、上司たちのまるで親のようなあたたかい視線を浴びながら、私たちは成長してきたのだと思います。

時には厳しいひとことが飛んできて泣いてしまったこともあったかもしれませんね。けれどもそこには愛情のかけらが含まれていたんだなと、自分が後輩や部下を指導する立場になったとき初めて、当時の辛口アドバイスのありがたさに気づくものです。

Z世代と呼ばれる今の20代の人は、あなたの20代の頃とは価値観や物の見方が大きく異なり、接し方に戸惑っている人も多いのではないでしょうか。

いつの時代にも世代のギャップはあるものですが、コロナ禍がコミュニケーションのありかたの変化に拍車をかけたことは間違いないように思います。

新入社員を含む今の20代前半の若手社員は「扱いづらい」と、ストレスの種になっていませんか。

私が会社勤めを卒業し、東京の私立大学の非常勤講師になってから、早いもので今年で13年目になります。複数の大学で教える経験をしてきましたが、この頃の大学生の「大人しさ」には目を見張るものがあります。

今、授業前の休み時間から教室内はシーンとしています。学生は皆自分のスマホに釘付けで、うつむいたまま同じ姿勢でジッとしています。何を見ているのか聞くと、SNSやゲーム、授業の準備などと答えます。

他の学生とまったく会話がなく、そのことに何の疑問も関心もないようです。

これはとても危険なことだと私は感じています。

他者とのリアルなコミュニケーションが学生時代から不足したまま社会に出たらどうなるのか？　それこそ親心で心配です。

授業の中で学生に「質問はありますか？」と尋ねても、手を挙げて質問することはありません。

しかし、レポートで質問を書いてもらうと、まるで別人のように鋭い質問を書いてきます。

私が「的を射た疑問点がありながら、なぜ授業中に手を挙げて質問しないの？」と聞くと、こんな答えが返ってきました。

「授業中の先生の時間を中断させるのは申し訳ない」

「他の学生からやる気があるように見られるのが恥ずかしい」

「周りの人に変な質問と思われたくない」

自分の疑問点を解決することよりも、教員や学生の視線を気にして遠慮がちなのです。心優しいというか、気が弱いというか……。

そんな傾向が、男女を問わず今の学生たちに見られます。

ですから若手社員には、こちらから積極的に声をかけてみることがコミュニケーションをうまく回すコツです。

彼らは口数が少ないかもしれませんが、何も考えていないわけではなく、言いたいことをタイミングよく言語化して説明できないでいる場合も多いです。

もし彼らがぶっきらぼうな返事をしたとしても、否定的に受け取らず「その言葉はどういう状況や考え方から出ているのだろう？」と考えてみてほしいのです。

また、「この子は〇〇だ」などと急いでジャッジしないで、おおらかに観察しながら彼らの心の声を聴く姿勢をとっていただきたいのです。


「若手社員にこれを指摘したら、ハラスメントと思われないかしら？」という不安から、腫れ物に触るように扱い、アドバイスしたくないという人もいるでしょう。

でも、若手社員は仕事で成長したいと考えています。それは私たちと同じなのです。

ですから、遠慮しないでどんどん話しかけてください。

日頃のコミュニケーションを活発に行う関係があれば、互いの信頼度も高いはずです。もし何かの行き違いがあれば「あ、そんなつもりじゃなかった。ごめんなさい」

とお互いが言える間柄。これができていれば、ハラスメントには発展しません。

世代のギャップを乗り越えながら、年齢に関係なくお互いから学び合う。この姿勢が生き生きとした職場をつくり出し、「明日も頑張ろう」という前向きな気持ちにさせてくれます。

今、後輩に愛情をもって接して、私たちが先輩から受けた成長のための愛情のバトンを引き継ぐこと、それこそが「恩返し」と言えるのではないでしょうか。

相手に合わせたコミュニケーションをとってみよう

2

自分らしく輝く女は
スキを見せ
伸び悩む女は
優等生の鎧をまとう

仕事を通して様々な困難を乗り越え、人生の酸いも甘いも噛み分けてきたあなたは今、何事にも自信に満ちた日々を送っていますか？

優等生としての地位を確立し、日々頑張っている人もいるでしょうね。もし、優等生の鎧が重いと感じたら、時々は鎧を脱いで楽になってみませんか？

私の30代から40代にかけては、仕事一筋のようなところがあり、仕事にまつわるあらゆる目標を達成しないと気が済まない面がありました。まさしく、優等生願望が強かったのだと思います。

モグラたたきのように仕事の一つ一つをやっつけることに生きがいを感じ、そんな自分にちょっと酔っているようなところもあったかもしれません。

管理職になるとさらに「仕事は完璧じゃないと！」という意識が強まり、目標の数字をクリアすることばかり考え、思い通りに動いてくれない部下への不満を募らせてはイライラしていました。四六時中、困ったような怒ったような顔で「私に話しかけないでちょうだい」と言わんばかりのオーラを出していたのではないかと思います。

当時の上司はとてもおしゃれな男性で、ネクタイの色や柄にも何かしらのメッセージがある人でした。大事なプレゼンや商談など、ここぞというときの「勝負ネクタイ」があり、「今日は気合いが入っているな」と伝わってくることがありました。

ある日、私が残業をしていると、上司の部屋のドアとカーテンが閉められました。カーテンの隙間からチラッと見えたのは、暗闇のガラス窓に向かってプレゼンのリハーサルをする上司の姿でした。

プレゼンが上手だと評判の上司は、実は緊張すると頭が真っ白になるタイプだったのだと、後になって知りました。こうして練習をすることで、コンプレックスを克服しようとしていたのですね。

翌日の上司のネクタイの色は、目が覚めるような真っ赤でした。

私は、勝負ネクタイをしている上司に「今日、何かあるんですね」と話しかけました。すると上司はちょっと顔を赤くして、「わかる？」と困ったような、だけど嬉しそうな顔をしました。

相手のいつもと違う「何か」を発見して口に出すことが人間関係を築く一歩になり、ひいては仕事がやりやすくなる潤滑油にもなることを、私はこの上司から学びました。

「上司だから」「先輩だから」と何もかも完璧である必要はないのです。部下も完璧な上司を求めてはおらず、むしろスキがある上司のほうが好まれます。弱い部分、正直なところ、人間的にほっとするような突っ込みどころがあったほうが、親近感を持たれます。親近感が湧くと、話しかけたくなります。

常に結果を出そうとする優等生の固い鎧をまとった人は、見た目にも大変そうです。不安や心配事をつい顔に出しちゃうような、突っ込みどころ満載なわかりやすさが、かえって人の力を借りやすくするのだと思います。

完璧を目指すと息苦しい。
どこかを緩めよう

3

自分らしく輝く女は仕事の先の相手の顔が見え伸び悩む女は目の前の相手しか見えない

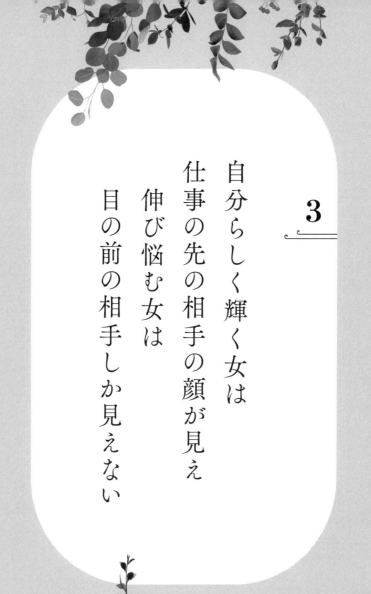

仕事の経験を積み、後輩や部下もいるあなたにとって今、仕事は楽しいですか？「仕事が楽しい♪」と笑顔で言えるなら、素敵ですね。

20代のときは意欲にあふれていた日々も、慣れてくるとどうしてもマンネリ化してきがちです。新鮮だった景色も、いつの間にか日常の景色になっていくのはごく自然なことなのかもしれません。


私は35歳くらいの頃、急に目の前にキリがかかったような状態に陥り、それまでの仕事に対する意欲が消えていったことがあります。

何のために仕事をしているのか、その前にそもそも何のために生きているのかさえわからなくなり、「このままではいけない！」と感じました。

そのとき私がとった行動は、現実逃避。とにかく日常から離れたくて休暇を取り、1人海外に旅したのもこの頃でした。

初めての一人旅はニューヨーク。「拙い英語が通じるか？」「怖い目にあったらどうしよう……」と不安でしたが、いざ飛行機が成田空港を飛び立った瞬間、なぜか不安は消え去り、「さあ！　一人旅を楽しもう」と切り替えができました。

コロナ禍を経験した私たちは、変化の波に適応していくのに精一杯なところがあります。

働き方改革なるものの波に乗った人も波に乗り切れていない人も、ストレスの多い日々に神経をすり減らしている人も多いと思います。

そんな中、「なぜその仕事をしているのですか？」と誰かに聞かれたら、あなたは何と答えるでしょうか。

「お金のためです」

「家族のためです」

「この仕事が好きだから」

「別に理由なんてありません……」

など、人によって様々な答えが返ってきそうです。

経営学者P・Fドラッカーの著書の中に、「3人の石工」という物語が出てきます。「そこで何をしているのか？」と聞かれると、3人の石工は答えます。

1人目：食べていくための仕事をしている
2人目：国で一番の仕事をしている
3人目：皆が集まる教会を建てている

ドラッカーは3人目の石工こそが、事業全体を見渡し、マネジメントを理解していると言い、2人目の石工のような職人気質は大切であるものの、視野が狭く、陥りがちな間違いだと指摘しました。

ただ、3人目のような「志が高い考え」を新人の頃は持ちやすいですが、その後ずっと持ち続けるのは、なかなか難しいことと思います。

私が27歳で外資系銀行に転職したときは、一人で生きていくために「お金のために働く」以外に考えられませんでした。

その後、銀行業務を習得してリーダー役を経験し、人事部に異動して社員研修のノウハウを身に付けていったのは、専門的な知識の習得を目指していたからです。40代でようやく「教育者」に憧れている自分に気づき、今は、大学生や社会人に向けて「自ら伸びるための視点を変えるきっかけ」について話をしている私がいます。

今の私の仕事の目的は「人の成長のお役に立つ」ということ。

先ほどの3人目の石工の「皆が集まる教会を建てている」を言い換えると、

「人を笑顔にしている」

「人に安心を与えている」

「人を元気にしている」

などでしょうか。

初心に返って仕事の目的を思い出してもいいし、今の仕事であなたの仕事が最終的に誰かの幸せに繋がっていることをあらためて想像してみるのもいいと思います。

とかく狭くなりがちな私たちの視野。これを広くしてみる。

本当に意識するべき仕事相手は目の前にいる人ではなく、遠く離れたところいる人なのです。

自分の仕事が遠くの誰かを笑顔にしている瞬間を想像してみよう

4

自分らしく輝く女は見切り発車で自己アピールし伸び悩む女は準備が整うまで沈黙を守る

今やオンライン会議も当たり前となりつつありますが、オンライン上で何かを発言したいとき、あなたはどうしていますか？

カメラをオンにして手を挙げる、とりあえず記号で意思表示する、あるいはチャットに書き込むなど、いろいろな方法がありますね。

これまでオンライン上の会議やセミナーに参加してきて、オンラインでは男女ともに自分の意見を言うべきところで発言できているように感じました。

これが対面だと、なかなか手を挙げることができないのはなぜでしょうか？

私が30代の後半に差しかかった頃、新しく上司になった人は私と同い年でした。

帰国子女の彼は、大和撫子（！）の私にとっては異質な人に映りました。

彼の仕事ぶりは常にアグレッシブで、よくいえばアクティブ、正直に言えば落ち着きのない人といえました。

彼にとってはまったく畑違いの部署に異動になったらしく、日々わからないことだらけで、仕事の内容にも人にも、慣れるまでに時間がかかっている様子でした。

私はその部門で古株だったため彼からいろんなことを質問され、いつも会話をしていた記憶があります。

彼から学んだことの一つに、「成果はこまめにアピールする」ということがありました。

何か疑問や提案があれば、その分野の知識のある社員に「ちょっと今数分だけお時間いいですか?」と小さな置き時計を手にして積極的に会いにいくのです。

当時、同行する機会に恵まれた私は、彼の強引さにハラハラさせられました。

しかし、相手は仕事中にかまわず席にやってくる彼を追い払うことはせず、時間を空けて話を聞いたり、質問に答えたりしてくれることが多かったように思います。

そうやって彼は自分の仕事ぶりを周りに上手にアピールしていたのです。

「ウーマノミクス」の提唱者であるキャシー松井さんの講演をお聞きしたのは10年以上前のことですが、登壇されたとき、彼女の放つ柔らかいオーラが魅力的だなと感じたことを覚えています。

ウーマノミクスとは女性と経済を組み合わせた造語で、「女性の力を経済成長に生かしていきましょう！」ということです。

日経新聞（2023年2月16日夕刊）の「私のリーダー論」に、キャシー松井さんのこんな経験談が語られていました。

彼女がゴールドマンサックスで働いていた頃、男性部下は「キャシー、5分だけいいですか」と、わずかな時間を使って成果をアピールしてきたのに対し、女性はよほどのことがない限り声をかけてこなかったそうです。

「いつ空いていますか？」では先になってしまい、あまりに控えめだといいます。

目の前の仕事をコツコツやっていれば誰かが見てくれる。そのうち成果が出れば評価してくれるはず。

実は私も、こんな風に考えて仕事をしていました。

子供の頃から両親に「女の子なんだから……」「目立ってはいけない」「いつも控え

めにしなさい」と言われ続けて育ったせいもあると思います。

しかし、世の中は今、大きく変化しています。

女だからこうあるべきなどという無意識の偏見、意識的な偏見に自分を押し込める必要はありません。


キャリアの成功に性別は関係ありません。

自分の仕事の成果や考え方を周囲の人に知ってもらわなければ選ばれないし、次のステップに行くにも、その候補にも挙がらないということです。

仕事を評価され、次のステップに進むには自己アピールが欠かせません。

顔と名前と仕事ぶりを覚えてもらうにはどうするか？

話す準備ができていなくても、仕事の終わりがまだ見えていなくても、とりあえず手を挙げて発言する。

質問でも提案でも報告でもいいのです。

その発言は「今、私はこのことを真剣に考えています」という証拠です。

郵便はがき

恐れ入りますが
切手を貼って
お出しください

112-0005

東京都文京区水道 2-11-5

明日香出版社

プレゼント係行

感想を送っていただいた方の中から
毎月抽選で 10 名様に図書カード(1000 円分)をプレゼント!

ふりがな お名前	
ご住所	郵便番号（　　　　　　）電話（　　　　　　） 都道 府県
メールアドレス	

* ご記入いただいた個人情報は厳重に管理し、弊社からのご案内や商品の発送以外の目的で使うことはありません。
* 弊社 WEB サイトからもご意見、ご感想の書き込みが可能です。

明日香出版社ホームページ　https://www.asuka-g.co.jp

ご愛読ありがとうございます。
今後の参考にさせていただきますので、ぜひご意見をお聞かせください。

本書の
タイトル

年齢：　　　歳	性別：男・女	ご職業：	月頃購入

● 何でこの本のことを知りましたか？
① 書店　② コンビニ　③ WEB　④ 新聞広告　⑤ その他
(具体的には →　　　　　　　　　　)

● どこでこの本を購入しましたか？
① 書店　② ネット　③ コンビニ　④ その他
(具体的なお店 →　　　　　　　　　　)

● 感想をお聞かせください

① 価格	高い・ふつう・安い
② 著者	悪い・ふつう・良い
③ レイアウト	悪い・ふつう・良い
④ タイトル	悪い・ふつう・良い
⑤ カバー	悪い・ふつう・良い
⑥ 総評	悪い・ふつう・良い

● 購入の決め手は何ですか？

● 実際に読んでみていかがでしたか？（良いところ、不満な点）

● その他（解決したい悩み、出版してほしいテーマ、ご意見など）

● ご意見、ご感想を弊社ホームページなどで紹介しても良いですか？
① 名前を出して良い　② イニシャルなら良い　③ 出さないでほしい

ご協力ありがとうございました。

見切り発車で自己アピールする、その勇気も必要です。
あなたの意見に上司や周囲の人が触発され、何かが動き出すかもしれません。
そんなあなたは、組織にとって大切な存在になっていくでしょう。

相手の記憶に残るように、自己アピールの仕方を工夫しよう

5

自分らしく輝く女は苦手な上司を歓迎し伸び悩む女は苦手な上司と距離を置く

38歳というと、誰かの上司やチームリーダー的なポジションにいる方もいらっしゃると思います。でも、そんなあなたにもきっと上司がいますよね。

普段、後輩や部下のことなど、仕事での悩みを相談できる関係性を上司と築いていますか？

悩みを一人で抱え込んでスッキリしない日々を送ってはいませんか。


上司と良い関係性を築くのが理想だと誰もがわかっています。

だけど不幸にも私の上司は……、
・自分のことで精一杯で部下のことなど気にかけていないようだ
・かつて相談を持ち込んだら不機嫌になった。どこに地雷があるかわからない
・やたらに接触しようものなら新たな仕事を振られる
だから極力距離を置くようにしています、なんて声が聞こえてきます。

そうはいっても上司は、あなたのキャリアのドアを開いてくれるキーパーソンであ

ることは間違いありません。敬遠している場合ではないですね。

では自分にとって苦手な上司とは、どう関わっていけばいいのでしょうか。

これからの長いキャリア人生を歩むうえで、男女を問わず良きメンターを見つけたいものです。

たいていの場合、上司は自分で選べません。

それなら良い上司に当たる幸運に恵まれない限り、自分の力ではどうしようもないこと……と諦めるのはまだ早いです。

「自分に共感してくれる上司もいいけれど、私がメチャメチャ苦しいと感じるようなイヤな上司も良い。なぜなら上司を分析する目を養えるから」

これは「良い上司を見つける目」について語った30代の女性の声です。

私にはドキッとするほど前向きな意見でした。

たしかにイヤだなと思う上司、反面教師といえる上司は存在します。

けれども、苦手な上司がそのポジションにいるのは、その上の上司に仕事が認められた証でもあります。

あなたにとってプラスになるような上司の一面を探してみる価値はおおいにあるはずです。

上司を冷静に、客観的に分析する目は、自分自身の言動を振り返るきっかけにもなります。上司のそのイヤな面が自分にもあるかもしれないからです。


また、その人の良いところを「パーツ」で見るのもありですね。

たとえば、手が飛び抜けて美しい人は「手タレ」とも呼ばれて活躍の場があります。

上司もパーツで見てみましょう、というわけです。

「スーツやネクタイ選びの趣味がいい」

「プレゼン資料の作り方がうまい」

「営業トークが抜群にうまい」

など、良いところ、優れたところはあらためて観察すれば必ず見つかるはずです。

私が40歳のとき、新しい上司が社外からやってきました。

金融とは別の業界の文化をまとったその上司は、新しい風を運んできたように思え、私も最初は好意的に接していました。

しかし、ある日、チームミーティングで彼が「拙速」の大切さを説いたとき、私は心の中で反発しました。

「仕事とは一つ一つを丁寧にやるべきで拙速なんてもってのほか！　私にはできない！」

それから、私は彼の仕事の進め方を嫌い、仕事へのモチベーションは下がってしまいました。

しかしながら、時にはとりあえず突貫工事で仕事を進めることが必要な場面もあるということを知ったのは、後になってからでした。

今にして思えば、考え方が合わないからと近づかなかったこのときの上司に、彼の体験談、武勇伝なども聞いておけばよかったと後悔しています。

実は苦手な上司ほど、自分にない考えや経験を持っていて、学ぶことが多くあるのだと私は思います。

苦手な上司の良いところを探し、自分の改善につなげていこう

6

自分らしく輝く女は後輩（部下）から情報が入り伸び悩む女は後輩（部下）から話しかけられない

チームや組織の中で先輩やリーダーとして役割をこなすあなたの日頃の悩みは、どんなことでしょうか。

思い通りに後輩（部下）が動いてくれれば苦労はないですが、世の中そう簡単にはいきません。

後輩（部下）といっても千差万別。育った環境、年齢（年上もありえます）、学歴、性別、嗜好、仕事の経験値、話す言語、そして正規社員、非正規社員などの働く形態の違いなど。

今の時代、チームとして働く皆さんの周りは、複雑なメンバー構成になっているのではないかと思います。

そんな中、後輩（部下）に対してこんな悩みはありませんか？

「期待通りのリアクションがないので、何を考えているかさっぱりわからない」

普段の挨拶は交わすけど、それ以外のちょっとした雑談、世間話的な小さな会話もしないし、大事な仕事の話もこちらからいちいち聞かないと報告してこない……。

仕事を進めにくくて困ってしまう、とモヤモヤしていませんか。

オンラインでのコミュニケーションが増えた私たちは、リアルな、面と向かってのコミュニケーションそのものが、コロナ前よりぎこちなくなりがちなのかもしれません。


これだけはやらない方がいいですよ、とアドバイスしたいことがあります。

それは、上から目線で威張ることです。

「私の言う通りにして」とか「私がやってきたのと同じようにして」など、思い通りに動かない後輩（部下）に対しては、つい、高圧的に言いたくなるものです。

でも、上司が権威的な物の言い方ばかりしていたら、後輩（部下）は顔には出さないかもしれないけれど萎縮したり、反発したりするでしょう。

その結果モチベーションが下がり、仕事の生産性が落ちてしまう。

すると、上司はさらにイライラしてもっと権威的になり、職場の雰囲気はますます悪化していくでしょう。これでは悪循環ですね。

かつて私は、同じミスを繰り返す年上の男性部下に怒鳴ってしまったことがあります。

そして彼が別の部署に移った数年後、あるプロジェクトで一緒になったことがありました。彼は異動した部署で出世しており、今度は私が彼の指示を仰ぐ立場になって、とても気まずい思いをしたのを覚えています。

心理学者ダニエル・ゴールマンは「優れたリーダーは高業績を生み出す」という論文の中で、心の知能指数（ＥＱ）について述べています。

優れたリーダーは６つのリーダーシップスタイルを用いています。

その６つのキャッチフレーズは、次のようなものです。

・強圧型「自分の言う通りにしろ」
・権威主義型「自分の後についてこい」
・親和型「人間が第一」

・民主主義型「みんなの意見はどうか」
・先導型「さあ、自分のする通りにしろ」
・コーチ型「これを試してみろ」

これらのうち、強圧型や先導型のみでは組織風土へマイナスの影響を及ぼしますが、優れたリーダーは状況に応じてこの6つのリーダーシップスタイルを使い分けているといいます。

ゴルフにたとえると、ゴルフバッグに6本のクラブを入れ、場面によってクラブを交換しながらゴールを目指しているというのです。

かつて、大リーグのニューヨークヤンキースで結果を出し、人気のあったトーリ監督は、親和型と権威主義型を併用してチームメンバーの気持ちに共感し、密なコミュニケーションを通して人間関係を構築しました。

そして、ここぞというときにビジョンを示し、基準をつくり、目標達成のためにチーム一丸になって戦う戦略を伝えたそうです。

大切なことは、威張るのではなく、後輩（部下）が話しやすい雰囲気をつくることです。

そのためにはこちらから話しかけ、言葉のキャッチボールをしながら、部下から情報を得ていく。そうすれば、部下も「自分の話を聞いてくれる」という安心感が芽生えますし、自分が組織の一員として認められていると実感できれば、やる気も出てくるでしょう。

「この上司（先輩）に情報をあげないと！」と相手に思われる人になりたいものです。

仲間と同じ荷物を背負って、喜怒哀楽を共有する

7

自分らしく輝く女は
男性優位をチャンスととらえ
伸び悩む女は
男性と張り合う

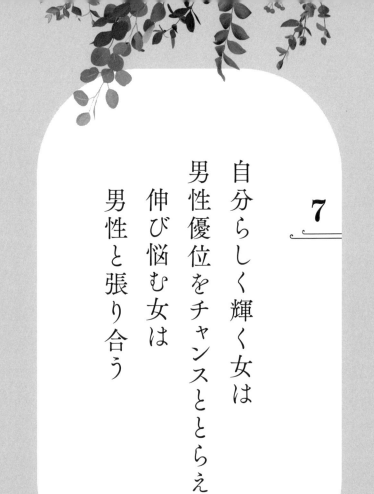

前作の拙著『伸びる女と伸び悩む女の習慣』が刊行されたのは2014年7月でした。この本の出版をきっかけに、講演などで働く女性と話をする機会をいただきました。

ある講演会の後、大手製薬会社の入社3年目までの女性たちとの交流をする中で聞いた、今でも忘れられない話があります。

「学生時代は男だから女だからっていう意識はありませんでした。女子が普通に生徒会長になったり、応援団長になったりしていました。なので、会社に入って『ダイバーシティ研修』を受けたとき、なぜこういう研修をするのか不思議でなりませんでした。性別も多様性の一つなんて当たり前の話ですから。しかし、配属されてから納得しました。職場は男性社会だったからです」

こういった本音の発言は講演会場ではなく、個別の小さな空間でしか出てきません。上司や人事関係の人が見張っているような場所では、発言したくてもその後の自分に降りかかってくる災難を考えると、黙っているのが自分の身を守る術だからです。あれから10年ほどが経過しました。当時の彼女たちも30代半ばに差しかかったところです。

あの、やる気満々の瞳がキラキラと輝いていた彼女たちの今がどうなっているのかも気になるところです。

「女性活躍」「女性登用」が進んできたとはいえ、まだまだ男性優位の職場に変わりはないようです。

日本は、先進国の中で男女格差が最も大きいといわれています。

この現状の中、私たち女性が生き生きと仕事ができる環境をつくっていくにはどうしたらいいのでしょうか。

私は、仲間をつくっていくことが大事だと思います。

女性たちの繋がりを広げ、「私だけが悩んでいるのではない」「私はひとりぼっちではない」と思える環境を自らつくっていくのが、生きづらいと感じることから抜け出す一つの手段ではないでしょうか。

私はこの5年間、大手電機メーカーで社員研修のお手伝いをしています。

女性活躍にいち早く取り組むこの企業には、「シスター制度」という女性だけのメンター制度があります。

圧倒的に男性の社員が多いこの業界では、工場の現場に女性1人というケースも少なくありません。

そんな環境の中、働く地域や部署が違い、同じ会社で働きながらもおそらくこのままではまったく接点がなかったであろう社内の先輩（姉）と後輩（妹）をつなげる制度です。

女性の先輩と後輩が、人事部主導で定期的にコミュニケーションをとりながら人脈のネットワークを広げ、やがて昇進試験を受けるなど個人の能力開発にもつなげようとしています。

1年間のサイクルで実施されるシスター制度は、成長した妹が今度は姉の立場で妹をサポートするという好循環も生み出しています。持続可能なこのサイクルは、女性同士の繋がりをさらに加速させているといえるでしょう。

こうして人数的にも男性優位の会社だからこそ、女性だけのメンター制度が立ち上がり、それが軌道に乗ってさらに女性が働きやすい環境を自らがつくり出していけるような仕組みづくりは、少数派で働く人たちにとって一つの成功事例になるように思います。

今もこれからも、男性優位のビジネスの現場はおそらくそう簡単には変わらないでしょう。

ならばそれに抵抗して疲弊するより、男性優位をチャンスととらえて、しなやかに日々を過ごしたほうが、幸せを引き寄せる近道になると、私は思います。

本来、メンターやメンティは自分で見つけるのが理想です。

組織に頼らず、周りを見回してじっくり観察し、「この人」と思う人に声をかけ、話を聞いてみる。

あるいは後輩に何かの相談を受けたら、それをチャンスととらえてサポートしていく。

こうした日々の小さなコミュニケーションの積み重ねが、やがて頼れるネットワークに発展していくでしょう。

話せる人を増やしていけば強力な助っ人集団になる

8

自分らしく輝く女は
スランプでも成り行きにまかせ
伸び悩む女は
スランプから脱出しようともがく

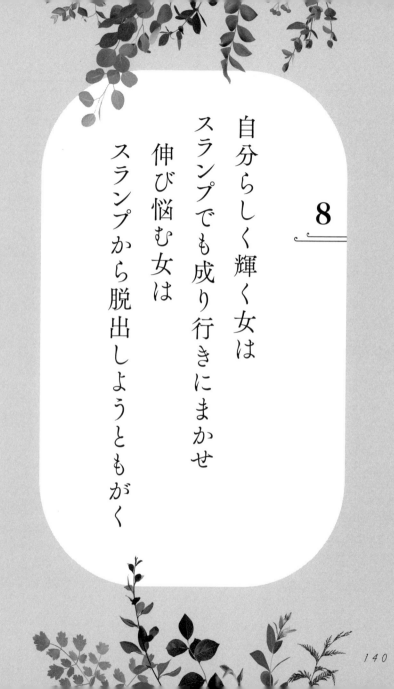

ひょんなことから藤井隆さんの「負けるなハイジ」という曲のライブを見ました。

この曲は、松本隆さんが20年以上前に作詞された曲だそうです。

どストレートな応援歌を一生懸命歌う藤井さんのエネルギッシュな声と踊りを通してまず感じたことは……、「この曲との偶然の出会いは、神様が用意してくれたものだったのかも」ということでした。


特に私の心にグッと響いた部分は、〝哀しくても笑顔でいると、幸せの妖精たちが集まる〟というところです。

笑顔は、自分も周りも明るくする魔法の非言語コミュニケーションの一つだと、あらためて気がつきます。

そして、曲名が「負けるなクララ」ではないところがいいなと思います。

色々なことがあって、本当はくじけそうで泣きたいのに笑顔を見せる、健気で元気なキャラクターを装っている人たちへ、

「泥臭く生きて行こうよ！」

「あなたは1人ではないよ！」

「スランプでも明日があるよ！」

とエールを送り、なおかつ優しく包み込むようで、ジーンときます。


こうして30代の女性を応援する本を書いている私にも、心が折れそうな出来事は日々いくつも押し寄せ、スランプに陥ることはあります。

スランプの期間はその時々で変わりますが、数時間だったり数日だったり、数ヶ月だったりします。基本的に40歳前後の自分と変わらない私がここにいます。


「やることなすことがことごとく裏目に出るのはなぜなのだろう」

「誰がどう考えても理不尽なことになぜ耐えなければならないのだろう」

「あの人と比べて私はなんて不運で駄目な人間なのだろう……」

イヤな出来事を前にして、自己肯定感が低くなってきたら要注意です。

「自己肯定感」は、言葉の通り「ありのままの自分を肯定する感覚」のことです。自己肯定感が低い人は自己嫌悪に陥りやすく、嫉妬や劣等感にさいなまれやすいもの。

ですから「あ、今の私は自己肯定感が低いかも」というセンサーを危険信号と受け取ってほしいのです。

自己肯定感を高くキープするには、駄目な自分も弱い自分も、自分という人間の一部なのだと受け入れることが大切です。

30代後半の頃、私は人事部で新入社員研修を担当していました。人前で話すのが苦手で、最初は本当にイヤでした。イヤと思うと声が小さくなります。

ある日、部屋の一番後ろに座っていた新入社員の男性が「聞こえませーん！」と叫びました。新入社員全員の前で声の小ささを指摘された私は、穴があったら入りたいくらいの恥ずかしさと情けない気持ちでいっぱいになりました。

一方で、冷静な自分もいました。

相手に声が届かないなら、その時の私の仕事である情報を伝えるということができていない。つまり、このままじゃ仕事にならない。

そのときから私は、部屋の一番後ろの人に向かって意識して声を出すようになりました。さらに、「後ろの人、聞こえますか？」と確認するようになり、状況に応じてマイクも使うようになりました。

人前で話す仕事を長く続けているのにもかかわらず、今も大学の授業直前に緊張します。そんなとき、私はこう思うようにしています。

「いい歳をして若いときと同じように緊張している私はなんて初々しいんだろう」と。

スランプだな、と感じることはよく起こりますが、そこから脱出するコツなんてないのかもしれません。

その時々の状況をかみしめながら、コツコツと日々、目の前の仕事を淡々とやっていく。そうしているうちにいつの間にかスランプから抜け出しているものです。

スランプのときこそ、何でもないことを丁寧にやってみるのもオススメです。

お弁当の卵焼きをきれいに焼く。

美味しい紅茶を入れてみる。

ハンカチにアイロンをかける。

ベランダの花や葉っぱをコップに生けてテーブルに飾る。

離れて住む親に優しい声で電話をかける。

トイレをピカピカに磨く、など。

小さな喜び、ちょっとしたゆとりの連鎖が、スランプからあなたを救ってくれるはずです。


スランプだと思ったら毎日のルーティンを丁寧にやってみよう

chapter 4 人間関係

1

自分らしく輝く女は聞き上手
伸び悩む女は話し上手

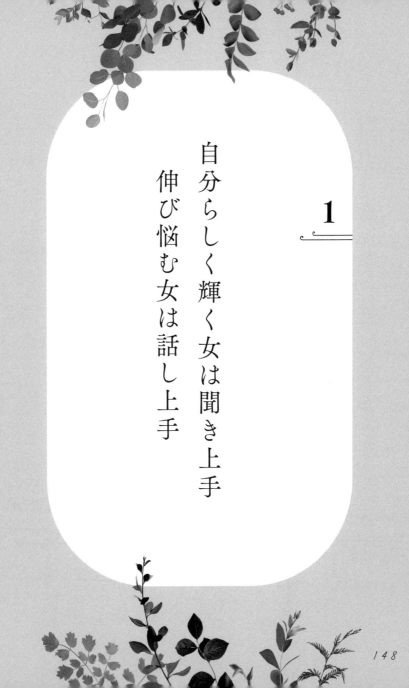

自分の話ばかりする人にうんざりしたことはありませんか？

私には、いつ会っても自分の話を一方的に話す友人がいます。

自分が話したいことを封印して我慢しているうちに、一方的に話されるのが苦痛になってくるのですが、気持ちよくしゃべっている相手の話を遮って自分の話をする気力はなく、この極めてアンフェアな感じを何度経験したかわかりません。

でも、その友人はいつも最後に「あ、また私だけしゃべっちゃった。ごめんね」と言うので、その言葉に私も救われて、友人関係が壊れることなく今に至っています。


相手が仕事関係の上司、同僚、お客様であったら話は別です。フェアとかアンフェアとかではなく、自分の言いたいことはぐっと我慢して、相手の話に最後まで耳を傾ける必要があります。

なぜなら、聞き上手になって良好な人間関係を築くことが自分の仕事をやりやすくし、結果的に自分の望む方向に物事を進めていけるからです。

誰でも「この人は私の話を興味深く聞いてくれる」と感じると、相手に好感を持ちます。それは自分の存在を認めてもらえたとわかるからです。相手にとって私は重要な人物なのだと感じた瞬間、人間関係が好転していきます。

自己啓発書の原点であり不朽の名著といわれるデール・カーネギーの『人を動かす（原題：How to win friends and influence people）』の中に「人に好かれる6原則」の章があり、その6原則の一つに、「聞き手にまわる」ということがあります。

相手に気持ちよく話してもらうには、相手の話に興味を持っている態度と質問で、相手の話を深掘りしていくことが重要になります。

外資系銀行で、管理職にアポイントメントをとって会いに行ったとき、彼は会話中もパソコンの画面から目を離しませんでした。私は、下っ端の私の話などどうでもいいと言われているような印象を受け、反面教師にしようと思いました。

同じ頃、先輩に「〇〇について質問がありますので、お席に伺ってもいいですか？」と電話すると「30分後にどうぞ」といわれました。

彼女は私を見るとにっこり笑い、椅子ごと私に身体を向け「どうしたの？」と聞く姿勢を取ってくれました。彼女の態度には優雅さがあり、私は一瞬で彼女のファンになりました。私もマネしようと思ったものです。

人の話を聞くときは、その人と向き合い、目を合わせて話を聞くべきです。

どうしても手が離せないのなら、「申し訳ありませんがあと5分で手が空きますから」などと声をかけます。面会の約束をしたならなおさらです。

相手がたとえクレームを言うお客様であっても、家族であっても、年齢、性別、役職にかかわらず、その人の話を最後までよく聞く。

そうすれば、今まで知らなかった世界や、たくさんの新しい情報まで集まってきて、あなたはますます輝く女になっていくことでしょう。

話すとき、聞き上手な人を観察してマネしてみよう

2

自分らしく輝く女は
失敗を点検する目を持ち
伸び悩む女は
失敗を人のせいにする

２０１７年に81歳でゲームアプリを開発し、一躍有名になった元銀行員でプログラマーの若宮正子さんは、「失敗したって新しい世界をのぞくという経験は残りますから。そこから学べることは多いんです。失敗は大きな花を咲かせるための肥料」だとインタビューに答えていました。心に響く言葉ですね。

ただ、ひとくちに失敗といっても、様々な経験があるのではないでしょうか。

・自分の単純な計算間違いや勘違いなどのケアレスミス
・後輩のミスに気がつかずスルーしたことによるクレーム
・良かれと思って行動したのにかえって相手を怒らせてしまった

など。

自分の単純ミスが原因の失敗なら「今度から気をつけよう」と素直に初心に戻れると思います。

けれども、自分は正しいことをしたと思っているのに相手が怒り、事態が悪化したケースになると、なんて理不尽なんだと相手を責める気持ちになってしまうかもしれません。

私が30代のときの失敗談です。

その日、私はデートの約束があり定時退社するつもりでいました。

ところが17時頃、経理部の担当者がメールで、私が提出したレポートの数字に不備があると指摘してきたのです。

「経理担当者の言い分は間違っている！」と信じて疑わない私は、怒りの勢いですぐに返信してしまいました。

「あなたの指摘は間違っている。なぜなら……」とご丁寧に相手の上司と自分の上司をＣＣに入れて……。

この際、問題を大きくした方が早く解決できると思ったのです。

定時になり、「お先に失礼します」とオフィスを出ようとしたとき、上司から呼ばれました。「このメールは何か説明しなさい」と言われたのです。

相手の上司も怒っているようで、散々説明するはめになり、思わぬ残業になったことでデートはパー。

経理部の担当者は、それ以来私を避けるようになりました。エレベーターで一緒になって私が挨拶をしても、そっぽを向かれるようになりました。経理部との仕事もやりにくくなりました。

何がいけなかったのでしょう?

そう、私が怒りに即反応したことです。

冷静に考えれば即答するような緊急のことでもなかったのに。一晩寝かせても問題なかったことなのに……。

一本のメールによって経理部の担当者のメンツを潰し、上司の信頼を損ね、結果的に仕事がやりにくい状況を招いてしまいました。

「怒りに即反応して良いことは一つもない!」と痛感した私でした。

私の怒りについて細かく点検してみると、元経理部で働いていた私には、レポートの数字の根拠について自信がありました。

それを新米の経理部の担当者に「間違っているから修正してほしい」と指摘され、「困惑」しました。「どうして？　あなたの指摘のほうが間違っているのに！」という具合です。

また、経理には自信がある私がこんな指摘をされて、「恥ずかしい」「情けない」という感情もありました。

この「困惑」「恥ずかしい」「情けない」が第一感情です。

これらの第一感情がコップいっぱいになりあふれたところで、第二感情である「怒り」に発展したのですね。

怒りがこみ上げてきたときの自分の行動は、慎重に選びたいものです。

怒った勢いで返信せず、翌日にでも連絡して相手の言い分を聞いた後、自分の主張をすれば何の問題もなかっただろうと思います。

怒りをマネジメントするテクニックを身に付けなければ、円滑な人間関係は築けませんね。

失敗を虫眼鏡で点検し、ではどうすれば良かったのかと考えることが、自分らしく輝く女として一歩前進のステップになると思います。

失敗から学んだほうが痛みをともなう分成長できる

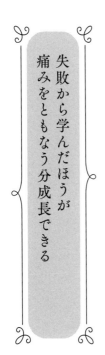

3

自分らしく輝く女は
手持ちの札で勝負し
伸び悩む女は
持ち札を増やして勝負する

私が45歳のとき、10歳年下の後輩から、このような相談を受けました。

「結婚式に招待されたんですけど、着ていく服がいつも同じで困っています。新しく買うのもね……。買いに行く時間もないし。せめてスカーフとかアクセサリーで変化をつけたいんですけど、それも持っていないし。どうしたものかと……」

私は迷わず自分のゴールドのストールを貸しました。その一枚を羽織るだけでゴージャス感が出るので、重宝していたものです。

後輩はとても喜んでくれました。私も、めったに使わない小物が後輩によって脚光を浴びるのは嬉しいことでした。

後輩はコツコツと仕事を頑張る人で、私なんかより仕事ができる人でした。そんな優秀な彼女が私に頼ってきたことが嬉しかったのです。

結婚式が無事終わった後、「ありがとうございました」と笑顔でお礼を言ってきた彼女を見て、私にできることは仕事でもプライベートでも何でも協力しようと思ったのでした。

朝日新聞の「折々のことば」に、こんな内容がありました。

彼自身は何も持っていなかったけれど、困ったときにたくさんの仲間から必要な支援を得られるのだから……持っているものとほぼ同じだ

タンザニアの一女性

文化人類学者・小川さやかが調査地で知り合った女性は、初デートのとき、相手が借り物の服や靴、自動車で富裕さを装っているのを見抜くも、その彼と後に結ばれた。いざとなれば頼れるネットワークがある、そのような「生き抜く総合力」が人の「甲斐性」だと確信して。

私がこのタンザニアの女性の立場だったなら「何よ、人の物ばかりで自分を取り繕って！　こっちは全部お見通しなんだから」と相手に意地悪な気持ちが湧いたかも

しれません。

そこを彼女は「いざとなれば頼れるネットワークを持つ人」と評価したのです。そんな視点を持っている、その力量がすごいなと思います。

「いざとなれば頼れるネットワークがある」というのは、何と心強いことでしょうか。自分で何でもそろえようと躍起になることも、あるいは私はこれしか持っていないと嘆き、卑屈になる必要もありません。

自分の持つ人脈・ネットワークこそが宝物であり、それを使って、いや、使わせていただいて勝負に出ればいい。

足りないものを自分で補おうとすると時間もお金もかかり、目の前のせっかくのチャンスをつかむタイミングを逃してしまいます。

まさしく、「幸運の女神には前髪しかない」ですね。

今の自分では足りないと思うなら、足りないものを補ってくれる上司、同僚、友人、知人、親兄弟姉妹、親戚など、あらゆる人の力を借りた方が手っ取り早い。

でも、物事はそう簡単には運びませんよね。

タンザニアの女性のお相手が持っていたような、いざというとき気軽に相談に乗ってくれ、手持ちの物を快く貸してくれるような人間関係は、そう簡単にはつくれません。

いざというときに自分のために動いてくれる人間関係は、普段からつくっておかないといけませんし、相手は期待通り動いてくれませんから。

では、良好な人間関係をキープするにはどうしたらいいのでしょう?

それはやはり、普段のコミュニケーション力が不可欠です。お互い疎遠にならないよう連絡を取り合うことです。

メール、Ｌｉｎｅ、電話などで近況報告やあいさつを怠らない。季節の挨拶やお祝いなどで、手書きのハガキやカードを送るのもいいですね。手書きなど、あえてひと手間をかけたメッセージは、受け取る相手にも喜ばれます。

同じ職場なら、時々はランチに行くなどして情報交換をまめにしておくなど、できることはたくさんあります。

さらに言えば、世の中はギブ&テイクです。日頃から相手に親切にして、ギブの貯金を多くしていくのも、処世術の一つですよね。

働き方が変わり、直接人に会う機会が減ったこのご時世だからこそ、普段から連絡を取り合うことの重要性がさらに高まっているように思います。

すぐに連絡が取れる人との関係性を普段から手入れして耕しておこう

4

自分らしく輝く女は怒りをうまく処理し伸び悩む女は感情を完璧にコントロールする

2014年刊行の拙著『伸びる女と伸び悩む女の習慣』にはこんなことを書きました。

「伸びる女は1年に何回怒るか決めている　伸び悩む女は細かく抗議する」。

湧き上がる怒りをありのままに出すと、「あら、またあの人が怒ってる……」と、いつものこととしてスルーされがち。

そこで、怒りをゲーム感覚に切り替え、ここぞというときに怒りを表してみてはどうでしょう？

そうすれば、「いつも温厚な人が怒ってる、何があったんだろう？　話を聞いてみよう」と注目度が高まり、その結果、あなたの影響力が高まって、自分の意見を通しやすい環境を自らつくっていくことができますよ、というアドバイスでした。

でも、実際は「ここは怒って大丈夫な場面だろうか」と冷静さを保ちながら、怒りのエネルギーを封印している人も多いのではないでしょうか。

ストレスの多い日々を、我慢や工夫をしながらやり過ごしている自分をまずは褒めてあげてください。

ひとくちに「怒り」といっても、モヤモヤ、イライラ、ジワジワ、フツフツ、そしてドカーン！　などといろんな度合いがあり、怒りを感じる状況も人それぞれです。

どんな人にもある怒りの感情は、そんなに悪いものなのでしょうか？

怒りを感じるのは、その前の段階にある出来事のせいですよね。

たとえば、相手があなたの思い通りに動かないことに対する悔しさ、苦しさ、辛さ、心配、不安など様々な感情が隠れていると考えられます。

精神療法家ロナルド T・ポッターエフロンは、著書『アンガーマネジメント 11の方法』の中で、「怒りは人それぞれであり、怒りはどんな人にもあり、怒りそのものに善し悪しはない」と言っています。

生身の人間ですから、我慢にも限度があります。火山の噴火のように「ドカーン！」と怒りが噴出する場面もときにはあります。

私の「ドカーン！」は、外資系銀行時代、年上の同僚（男性）に対してでした。そのとき、彼が起こす頻繁なミスにイライラが募っていた私は、「お先に〜」と脳天気に定時で帰ろうとする彼に「ちょっと！　いったいいつになったら覚えるんですか！　いい加減にしてください！」とものすごい剣幕で怒りを声に出してしまいました。

私の剣幕に周りはシーンとなり、私は「みんなを代表して言ってやった！」とまるで英雄になったようなスッキリした気分でした。

ところが、当然のごとく彼は私を避けるようになり、数日経ってもチームの雰囲気は閉塞感が漂ったままで、仕事はますますうまくいかなくなりました。

今振り返れば「ドカーン！」を発散した後の私の態度に問題がありました。仏頂面をひきずり、ネガティブオーラを周囲にまき散らしていたのです。

「ドカーン！」と怒りを発散したなら、その後のアクションは次のようにすべきだったと思います。

①怒りの理由とこれからどう行動したほうが良いかを考え、相手に冷静に伝える
「ミスが起きるとチーム全体の仕事がストップしてしまい、私は困っている」
「ミスを起こさないために私にできることはある？」

②自分の怒りによってメンツを潰した相手をケアする
「さっきは感情的になってごめんなさい」

③いつまでも怒りを引きずらず、その後、話す際は普段通り対応する
「ところで週末に面白い映画を観ましたよ」

不快な感情の一つである「怒り」を表に出せるのは、気力体力のエネルギーが高いからです。

エネルギーが低ければ、気分が落ち込むとか、せいぜい誰かに愚痴を言って終わり。問題の解決にはなりませんね。

怒りは一生懸命生きている証拠です。

怒りの発散直後のアクションさえ冷静にとれれば、エネルギーは高い状態のまま、不快な感情を快適に切り替えることができます。

年に数回怒る、その怒り方にもバリエーションがあると人間らしいですね。

怒りもあなたの大切な武器になること請け合いです。


怒りは真面目に生きている証。

吐き出して新しい空気を吸おう

5

自分らしく輝く女は逃げずに要求を伝え伸び悩む女は争いごとを避け自分を犠牲にする

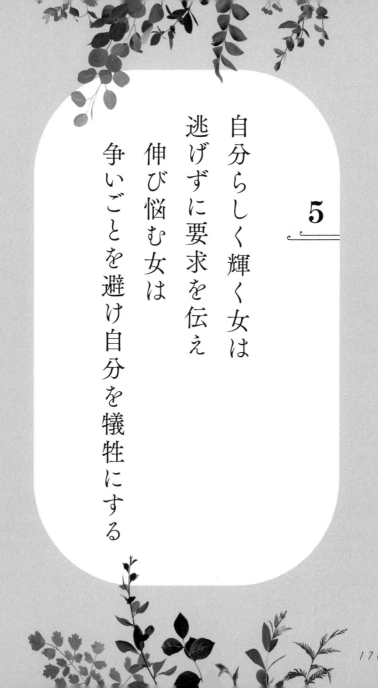

高校を卒業して地元の銀行で働き始めた新入社員の頃、先輩から「元祖ぶりっこ」と呼ばれることがありました。

その頃私は、当時流行っていた髪型で、おそらくチヤホヤされながら働いていました。

おめでたいことに「ぶりっこ」を褒め言葉のように受け止め、八方美人とからかわれていたことなどまったく気がつかず過ごしていたのでした。

当時の私は、人に嫌われるのが怖かったので、良い子ぶることで誰からも好かれようとしていました。まさしく八方美人です。

「八方美人」とは、どこから見ても欠点のないすばらしい美人の意から、転じて、誰からもよく見られたいと愛想よく振る舞うこと。またそのように振る舞う人のことです。

職場では、誰かを手伝ったり喜ばせようとしたり、褒めたりしていました。

でも、周りの人に気を遣うあまり、気疲れして「私は何をしたいのか」ということを考えることもなく、小さな不満が積もり積もって、何に対して私は不機嫌なのかもわからなくなっていました。

周りからチヤホヤされる20代を通り過ぎ、人生は自分の想い描く理想とはまったく違う方向に進むという痛い経験を通して初めて、私は自分自身に目を向けたような気がします。

これから自分で収入を得て生きていくためにどうするか？

切羽詰まったからこそ、自立できたのだと思います。

30歳を過ぎ、外資系銀行でたった3人の小さなチームの責任者になったとき、ものすごく不安だったことを覚えています。

「私に務まるのだろうか？」

「部下の仕事のミスを見逃してお客様に迷惑をかけたらどうしよう！」

最初はドキドキの連続の日々でしたが、そのうち不思議と仕事にも慣れ、なんとか与えられた仕事がこなせるようになりました。

しかし、ルーティン業務以外の何かを部下に頼まなくてはならないとき、「ああ、今この仕事を頼んだら嫌な顔をされるだろうな」と思うと怖くて頼めない。「それなら自分でやったほうが早い！」とばかりに自分でやってしまっていました。

それが結局は自分の首を絞めることとなりました。

というのは、部下たちの新しいチャレンジを妨害し、かえって上司に依存させてしまう。

その一方で、私は自分で抱える仕事が増えて気持ちの余裕をなくし、不機嫌になりますます視野が狭くなるという悪循環に陥ってしまったからです。

「このままではいけない！」と、現状を変える必要に迫られた私は、チームミーティングを開き、部下に仕事を依頼しました。

「Aプロジェクトのシステムテストに協力することになりました。チームの3人に振り分けるので、〇日の〇時までに、1人〇件のデータ入力をお願いします。完了したら、結果を私に報告してもらえますか？」

「嫌われてもいいから言うべきことは言わないと」と、勇気を出してやってほしいことをはっきりと部下に要求できるようになったとき、私は自分が一歩成長したように感じました。


仕事では組織の上層部から日々新たな目標が降りてきます。

その内容をわかりやすく部下に伝え、お互いの目標が共有できて初めて、仕事をお願いする。

攻撃的になる必要も、受け身になる必要もありません。

チームとして目標を達成するためにどうするかを対等に、そして、誠実に話をする。

このステップが大事だと痛感しました。

自分が部下のときには、上司の言動がよく見えていました。

でも、自分が上司のポジションになると思考が停止し、いつまでも部下のままでいたかったのに……という甘えた感情が私を支配していたのです。

その甘えた感情から脱皮するのも時間がかかるものです。それも人間らしくていいのかもしれませんね。

言いたいことを隠さず伝えることで周りから協力を得る

6

自分らしく輝く女は
相手の気持ちを推しはかり
伸び悩む女は
相手のことを決めつける

組織で働く人を採用する人事部の担当者は、「どんな人材が欲しいですか？」と聞くと、判で押したように「コミュニケーション能力が高い人」と言います。

企業が求める人材像（帝国データバンク：2022年9月調査）のアンケート結果によると、トップ5はこのようになっています。

1位　コミュニケーション能力が高い
2位　意欲的である
3位　素直である
4位　真面目、または誠実な人柄である
5位　明るい性格である

私が人事部で新卒の面接をしていた20年前から「コミュニケーション能力」を重視していましたから、これからの未来に向けて、たとえＡＩやロボットが普及しても、人間のコミュニケーション能力は、求められるものの一つであることに変わりないのでしょう。

では、コミュニケーション能力がある人ってどんな人でしょう？

友人が多い人、誰とでも雑談ができる人、お客様との良好な関係を築き、結果を出すことができる人、などがまず思いつくのではないでしょうか？

シンプルに言うと、コミュニケーションとは、人間同士のメッセージのやりとりです。

言語と非言語に加えて、コミュニケーションが起きる背景（場所・時間・状況・人間関係など）が複雑に絡み合いますから、ひとくちに「コミュニケーション能力が高い人」と言ってもそれを見極めるのは難しいものです。

また、「私はコミュニケーション能力に自信があります」とは、実際にはなかなか言いにくいものでもあります。

どんな状況でも人とコミュニケーションがうまくとれる自信は私にもありません。

人事部で仕事をしていたとき、耳の不自由な社員の方から、個人研修を頼まれたことがあります。

普段は集合研修で実施していた内容を、彼だけに向けて行いました。

私の口元から言葉をキャッチして理解していく彼から、「そこのところをもう一度ゆっくり話してください」などと言われながら二人三脚で進めました。

講義が終わると、彼は私に最近の職場で困っていることを打ち明けてくれました。

「同じ部署の女子社員が3～4人ひそひそ話をしているのを時々見かけます。そのとき、チラッチラッと僕を見るんです。あの人仕事できないよねと不満を言われている感じがして、とても気になります」

女性たちのひそひそ話の内容は聞き取れないけれど、彼女たちの表情や視線が明らかに仕事以外のことを話している感じがする、と言うのです。

見た目では彼の耳が不自由であることはわかりません。ですから、電話が鳴る音が聞き取れないと、女性たちの強い視線が飛んできて、「なぜ電話を取らないの?!」と言われているようで辛いとのこと。

彼の話から、障がいを持ちながら、職場で良好な人間関係を築いて働くことの大変さを知りました。


職場には実に様々な人が働いています。

1人として同じ人はいませんよね。

1人1人が、日々何か問題を抱えながら仕事をしているかもしれない、ということを想像できなければ、コミュニケーションが日常的にある職場でも、より良い人間関係は築いていけないと思います。


職場に新しい人が入ってくるのは新たな風が吹いてくるようで嬉しいことですよね。

「どんな人なんだろう?」と興味津々で注目してしまいます。

新しい人がうまく職場に馴染むのには時間がかかります。新卒入社、中途入社、転勤などの経験があればわかりますよね。

どんな人でも最初は「よそ者」扱いされているように感じますので、一緒に働く仲間として受け入れる側も、「大丈夫？」「困ったことはないですか？」などと声をかけて、言葉のやりとりを心がけたいものです。

相手がキャッチしやすいような優しいボールを投げよう

7

自分らしく輝く女は身近な人との距離感にも敏感で伸び悩む女は身近な人には気を遣わない

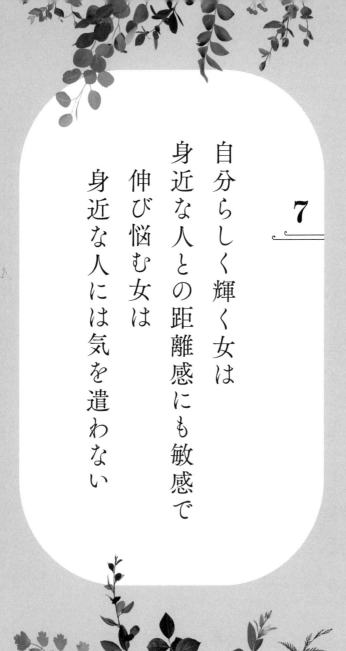

「男は敷居を跨げば七人の敵あり」という諺があります。男が社会に出ると、多くの敵がいていろいろと苦労があるという意味ですが、これは今や女も同じです。

というより、女のほうが男よりよほどたくさんの敵（相手）と相まみえる場面が多いような気がします。

私たちは、一歩外に出ると職場の人、お客様などの仕事上のお付き合いのある人や、友達、ママ友、ご近所の方、趣味の世界の人、義理を含めた親戚などの仕事以外のプライベートなお付き合いの人たちと、色々な線の太さで繋がりを持ちながら日々を過ごしています。

それらの繋がりの中で、人間関係をできるだけ心地よいものにしようとお互い色々と気を遣いながら生きています。

相手を不快にしないようにメールやＬＩＮＥの返信に敏感になり、相手によって言葉を選び、スタンプや絵文字を潤滑油として使ったり。

ママ友に自分の子供がお世話になったら、今度は自分が相手の子供をケアして恩返しを考えたり、悲しいことがあって気持ちが沈んでいるときも、本音を封印して笑顔で挨拶をしたりします。

社会の一員として、マナーを気にしながら「こうありたい自分」を演じているのだと思います。

なのに……、その反動かもしれません。

一緒に暮らしている相棒（配偶者、パートナー、親）との関係はどうでしょうか？考えてみれば自分にとって一番身近な人が最も大切な人にもかかわらず、その人にはあまり気を遣わずに生きている現実がありませんか？

若気の至りで恥ずかしいのですが、私は20代の頃、誰かが私を幸せにしてくれる……と、白馬の王子様の登場を信じていました。相手が私を幸せにしてくれて当たり前！　まるでお姫様状態です。

こんな有様ですから、相手が自分の思うように動かないとイライラし、文句たらたら。

あるとき、無造作に置いてあった相手の日記を読んでしまい、昔の彼女に強烈な嫉妬を抱き、私の不機嫌さは増幅していきました。

そんなある日、実家の縁側でぼんやりしていると、庭で草取りをしながら父がポツリと言いました。

「自分がまず相手を幸せにしようと思わないといけない」

このひとことは私に突き刺さりました。そうか！　そうだったのかって。

親であっても、他人である相棒も、自分とは別の人格を持つ一人の人間。そのことに気がつかず、甘えて当然、相手はそれを許してくれる、という自分の尊大な態度を猛省しました。

個人的な日記を勝手に読み、その内容に心を乱されて相手に怒りをぶつけるなど、恥ずかしい行為です。今で言うなら、家族のスマホを勝手にのぞき見る行為でしょうか。

誰でも、触れてほしくない過去や知られたくない秘密を抱えています。
それを突くと相手はどう感じるか。自分がされたらどうかと、立場を逆にすればわかりますよね。

この変化の激しい日々で外で疲弊して帰ってくる相手も自分も、家に帰ったらホッとして安らげる時間を持ちたいものです。

「遅かったね！　何してたの？」などと責めるより、「お疲れ様。今日、良いことあった？」などと優しく声をかけてみてはいかがでしょう。

自分の聞いてほしい話は後回しです。まず柔らかく質問すると、会話が生まれます。

そうして居心地のよい空気が生まれたら、自分の話も気持ちよく聞いてもらえます。

私が折に触れて読み返す本『人を動かす』（デール・カーネギー著）は、私が教えている大学生にも勧めています。

この本をできるだけ若いときに読んで実践することで、人に好かれ、その後の人生がより良い方向に変わっていくと思うからです。

この本の「幸福な家庭をつくる7原則」の中の1つに、「あら探しをしない」という項目があります。

たとえば、誕生日には花束が欲しいと願っていたとしましょう。

けれども現実には別の物を渡される……。

そこで「どうして私が欲しいものがわからないの！」と相手を責めるのではなく、「誕生日を覚えていてくれただけでありがとう！」の気持ちを持ちたいものですね。

親しき仲にも礼儀ありを実践しよう

chapter

5

ライフスタイル

1

自分らしく輝く女は
自分が居心地のいい場所をつくり
伸び悩む女は
完璧主義にこだわる

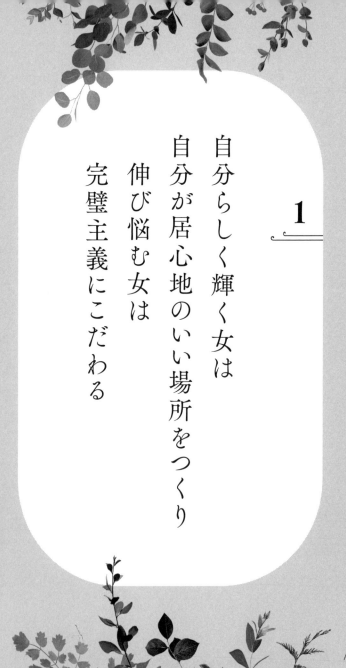

白状すると、私は家事が苦手で面倒くさいと思うほうです。生きていくために最低限の家事ができていればそれでOKとするタイプ。

仕事が忙しいときなどは、つい家事を後回しにして「誰かやってよ〜」と泣きつきたくなります。

だから、きれいに片づいて、整理整頓された食器棚や洗面所のタオルなどがキチンと並んだ家に行くと、尊敬のまなざしになります。

と同時に、自分のずぼらでいい加減なところと比較して自己嫌悪に陥り、「私もちゃんとしなくちゃ！」と反省して自宅に戻り、早速目につくところを片付け出すものの、三日坊主で元の木阿弥。その繰り返しで今に至っています。


ところが、仕事となると完璧主義な傾向になるので、自分でも不思議でした。

たとえば、常に時間厳守の行動をすべきと考えているので、遅刻をする人に対して「時間泥棒」ではないかとイライラします。

自分がこうだと思ったことを頑として変えないので、複数の上司から「あなたは頑固だね」と言われたこともあります。

30代も後半に差しかかり、職場で中堅どころになれば、20代の頃よりも誰かに何かを注意されたり叱られたりすることが、だんだん減ってくるものです。

誰も何も文句を言わないので、余計に自分が正しいと信じて我が物顔になりがちなのだと思います。

外資系銀行に勤務し、40歳を間近に控えた頃。システムのテストで休日出勤をしたことがありました。

他部署に電話連絡をする必要があり、用件が終わって電話を切ろうとしたとき、「ねえ？　休みの日でも関下さんからの電話は緊張するよねー」という相手の声が、まだ電話を切らずにいた私の耳に入りました。

「そうなのか！」と思いました。自分では過不足なく敬語を使い、真面目に淡々と仕事をしていたつもりだったので、まさか社内で「怖い人・緊張する人」と思われていたとは、と驚きでした。

この頃の自分を分析すると、職場では自分をよく見せようと、完璧主義の鎧をまとっていたのだと思います。常に弱みを見せないように強がっていたのです。強がりはいつか破綻します。案の定、緊張と疲労のせいか目が頻繁にけいれんするようになりました。

そこで心身ともに疲弊していた自分に気づき、「私はこの仕事がどのくらい好きか？」と考えてみました。当時は生きていくために働いていたので、好きか嫌いかなどのくくりで仕事の中身を考えたことはなかったのです。

このときの職場は、日々動く為替レートにハラハラしながら神経をすり減らす仕事でした。銀行業務としては花形に近い部署ではありましたが、よく考えてみると本当は金利や為替について、まったく興味が湧かないことに気づいたのです。

私の周りには数学の達人のような人ばかりで、金融のマーケットの動きが大好きな人の集団でした。この職場での自分の賞味期限が来ているのを感じた私は、さっそく社内のネットワークを使って、日々のマーケットの動きに仕事が敏感に左右されない部署を探しました。そうしてひょんなことから人事部に異動し、人材開発に関わる仕事につくことになったのでした。

そこでは、いきなり新入社員の研修を担当することになり、まったくの別世界に身を置くことになりました。

人事部にいるのは以前の職場とはまったく別のタイプの人たちばかりで、人間関係や職場の雰囲気に慣れるのに時間がかかりましたが、人を育成する仕事は私には合っていたようです。

目のけいれんはいつの間にか止まっていました。

新しい職場では一年生ですから、うんと年下の社員から教えてもらわないと何もできない有様です。まさしくカオスな状態でした。

ゼロからのスタートなので、自分のこれまでの仕事の経験からくるプライドなどかなぐり捨て、すべてに謙虚にならなければ仕事を覚えられない、と覚悟しました。

仕事では自分にも他人にも厳しい傾向だった私は、この頃から自宅でのゆるい自分を職場でも出すようになりました。そうすることで、色々な年代や立場の人との付き合いが増え、自分の居場所が心地よくなっていったような気がします。

必要以上に几帳面だった自分から解放されたとき、人に恵まれていったのです。

漢書の格言「水清ければ魚棲まず」に励まされます。

世の中を上手に生きていくには、ある程度のいい加減さも必要なのですね。

自然体の自分を少しずつ出してみよう

2

自分らしく輝く女は
自分だけの上質な時間を持ち
伸び悩む女は
休日もスマホに時間を奪われる

電車やバスに乗ると、乗客をひととおり眺める癖がつきました。そこに紙の本を読んでいる人を見つけると、まるで絶滅危惧種を発見したように嬉しくなります。

ある日、昼間の電車に乗っていると、前の椅子に座った一列の老若男女の全員が同じような姿勢でスマホを見つめており、流れる車窓を背景にした何かのCMのように見えてこっそり笑ってしまいました。

今やスマホは自分の分身と言ってもいいくらいです。それなしでは生きていけないほど、大切な存在になってしまいました。


スマホは便利な反面、いつでもどこでも仕事のメールやチャットが届く状況で、仕事と休みの境界線が曖昧になり、心が安まる暇がないという声も聞きます。

常にスマホをチェックして「返信しなくちゃ！」とか、どんな反応が返ってきているのか確かめないでいられず、ぐっすり眠れないほど疲弊している人もいます。

休みの日も仕事が頭から離れなかったり、SNSチェックがやめられなかったりして気持ちが休まらない人は、まるで心がハイジャックされているような状態です。

何かの対処をしないと心身の健康に害を及ぼす可能性があります。

では、どうしたらラクになれるのでしょう？

それは、スマホに触らない行動をすることです。ジムでトレーニングする、プールで泳ぐ、映画館に行く、コンサートや観劇に行く、エステに行く、など。

スマホへのアクセスのオン・オフをはっきりさせるのがいいと思います。

外資系銀行の上司に、休日は仕事のメールを見ない主義の人がいました。一週間などまとまった期間の休暇中でさえ連絡が取れないので、困ることもありました。

ですが、「そういう人」だから仕方ないよね、という感じで私も同僚も諦めていました。何か上司へ相談したいことが起こっても、自分たちで解決しようと考えるので、かえって部下の力がつく側面もあったと思います。

このように「休日は仕事のメールには返信しないキャラ」を確立するのも、一つの方法だと思います。

家族と過ごすなど、自分の大切なプライベートな時間を犠牲にして、必死に仕事に邁進して得る結果と、開き直ってプライベートを優先させたときの仕事への最悪の結果をイメージした場合、そんなに大きな違いは生まれるでしょうか？

もし結果が大して変わらないのであれば、プライベートを犠牲にするのは馬鹿らしくなりますね。

スマホを充電しながら自分も充電してみよう

仕事やSNSなどの情報に振り回される毎日から逃れるには、スマホやタブレット、パソコンから離れること。家族や友達との会話を楽しむ、自然の景色や風を肌で感じる、趣味に没頭する、美味しい食べ物を堪能する、自分磨きに時間を使う。自分が楽しい、幸せと思えることに、もっと時間とエネルギーを使うべきだと思います。

しっかり休息をとり充電することで、仕事のパフォーマンスもアップします。

3

自分らしく輝く女は
自分を演出する術を心得
伸び悩む女は
自分の見た目に無頓着

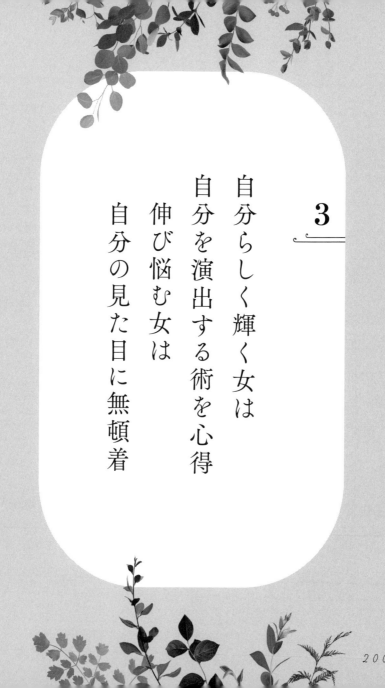

仕事も人生も実りある経験を積み重ねているあなたのことです。自分の着る服にも何かしらのこだわりがおありだと思います。普段、身にまとう服やアクセサリーにどんなポリシーをお持ちですか？

私自身は会社勤めをしていた頃、正直なところ着るものには無頓着なほうでした。いつもグレーや紺の地味な色のスーツに、インナーも白や黒のモノトーン。その日の服のコーディネートにできるだけ悩まないように、ただ楽をしたいという気持ちを優先していたのだと思います。

手持ちの服は何を合わせても同じような無難な印象のものばかりでした。

でも、ものすごく疲れていた4月のある朝のことです。

いつものベージュのスーツに、急に思いついて友達から海外旅行のお土産にいただいたビビッドなオレンジ色のスカーフを首に巻いて出社しました。

すると、不思議なことが起こりました。

上司や同僚たちから「あら⁉　関下さん、今日は元気そうじゃない？」と声をかけられるのです。本当はまったく元気ではないのに……。

声をかけられちょっと嬉しくなった私は、背筋がピンとなり、本当に疲れが消えていくように感じました。

オレンジなどのビタミンカラーは、人の気持ちと行動を変えてしまう力があるんですね。

ここぞという日は、装いの中に色の力を借りて強がることもいいのだと実感しました。色の力は意外と侮れないテクニックです。

この経験をしたことで、40歳前後の頃には勝負服を持つようになりました。

たとえば、失敗したくないプレゼンや、気の張る相手と会うときのような「ここぞ」という場面ではこれを着る！　というものです。

チャコールグレーのパンツスーツ。白インナーに首にはオレンジ等の明るい発色のスカーフという定番。

勝負服は自分が元気になり、同時に周囲の人たちからも元気に見えるための、一種のおまじないのようなものだったのかもしれません。

それらを身に付けるだけで気分が上がり、背筋が伸び、歩き方まで自信に満ちたものに変わっていたと思います。

けれども、そのうち「この勝負服って本当に自分に似合っているのかしら？」という疑問が自然と湧いてきました。

そこで私は、プロのカラーコーディネーターによる「カラー診断」を受けに行きました。

化粧を落として「すっぴん」で鏡の前に座り、たくさんの色の布を順番に顔の近くに置いて、顔色がくすんで見える色、明るく生き生きと見える色の傾向を知ることができました。

色の次は、柄ものの布の番です。

その結果、大柄のチェックや水玉とヒョウ柄っぽい模様は私に似合わないことがわかりました。

さらに、スーツの上着の襟の形、スカート丈の寸法のベストな長さ、アクセサリーの色や大きさまで、選ぶ基準を事細かに教えてもらいました。

この診断のおかげで、勝手に勝負服と決めていたものが独りよがりだったことに気づきました。

その後、服装選びが楽しくなったのは私には大きな変化でした。似合わないものを最初から省くことで、買いものも的が絞れて時間の短縮にもなりました。

今日何を着るか、どんなアクセサリーをつけるかは、日常の大切な選択です。今日の自分をいかに「演出する」かです。

「外見は内面の一番外側」と言われます。ということは、装いからその人の生き方まで透けて見えるということです。怖いですね。

無理に高価なブランド物を身に付けたり、アクセサリーが目立ちすぎるのは大人の女性の品のある装いから遠くなるような気がします。

パーソナルスタイリストの霜鳥まき子さんによると、品がある装いをするためには、「TPOに合わせて、分相応のものを、程良い装飾・サイズ・素材、適度な露出で着る。そしてそこには、清潔感と余裕が伴わないといけません」ということです。

年齢の変化に伴い、品のある装いも少しずつ変わってくるのでしょう。

そんな変化すらも楽しむ気持ちの余裕が、自分をうまく演出するコツだと思います。

自分の人生の主役として、今の自分に合った魅せ方を工夫する

4

自分らしく輝く女は幸せの基準を自分でつくり伸び悩む女は人と比べて幸福かどうかを測る

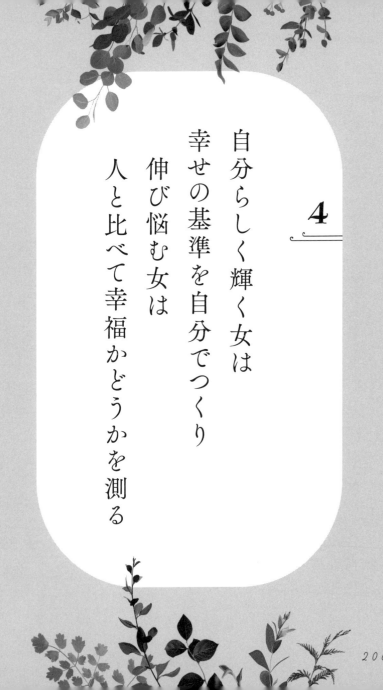

自分の40歳前後の日々を振り返るとき、行きつけのブランドの洋服屋さんを思い出します。それは銀座のデパートの中に入っていたショップでした。

会社勤めなので、デパートに行けるのは滅多にない定時退社のときだけです。

「ああ、今日は早く帰れそうだからデパートで服を買っちゃおう♪」

当時、心の底から思ったのは、「平日のデパートでゆっくりお買い物がしたい！　それができたらどんなに幸せだろう……」ということ。

滅多にない定時退社ができると、気分は高揚して、店員さんに勧められるままにスーツやインナー、ついでにアクセサリーまで同じ物を色違いでそろえたりして、カードで支払っていました。

担当の店員さんは当然ながらニコニコ顔です。「さすが大人買い！　私も真似してみたいです～」などとおだてられ、いい気になっていた私がいました。

重たい紙袋を持ち帰ると、さっきまでの高揚感はどこかに消え失せ、すでにパンパンに膨らんでいるクローゼットを見てげんなりし、買ったものはそのまま放置……。

なんてことを繰り返していました。

賢い買い物の仕方ではないことは自分でもわかっていて、お金を使うことで多少の自己嫌悪を吹き飛ばし、何か満たされないモヤモヤを解消していたのだと思います。

洋服や靴、エステやネイルサロンなどにお金をつぎ込んだ瞬間は幸福感に包まれますが、それも一時の幸せなのです。

「もっと素敵なスーツ、もっときれいになれる化粧品はないかしら?」などと次の欲求が生まれていました。

こんな贅沢なことができたのも会社からお給料が振り込まれるからです。

普段は忙しくてお金を使う機会もそうはなく、毎月自動的に振り込まれる銀行口座にお金は貯まるばかり。

「仕事に追われ、職場の複雑な人間関係のストレスに耐えたご褒美の給料を、自分の好きに使って何が悪い?」と開き直っていました。

そんなある日、私の部署の有能な後輩（当時30歳）が、結婚を機に会社を辞めると言いました。結婚相手は小学校時代からの同級生。彼は大学の非常勤講師をしながら大学院で博士号を取るために勉強中とのこと。

それを聞いた私は心配になって言いました。

「収入が不安定な彼なら、仕事を続けた方がいいんじゃないの？　大丈夫？」

それから、後輩が退社して1年後に二人でランチをする機会がありました。

彼女は会社勤めしていたときよりさらに美しくなっていて、大人の女性の落ち着いたオーラが漂っていました。

近況を聞いてみると、会社勤めをしていたときから、実は自分が本当にやりたい仕事の勉強をしていたそうなのです。それはアロマとエステティシャンの資格でした。

彼女は、「今はエステサロンで働いています。将来は自分のお店を持ちたいです！

そのときは関下さん、ぜひ来てくださいね」と、優しい笑顔で話してくれました。

驚いたのは「家計は正直苦しいですが、工夫すればなんとかなります。それもやってみれば結構楽しいですよ」というひとことでした。

新聞の広告で特売のセールを見つけては食材を買い、工夫して料理を作る。お金を使わないように暮らしを考える。その一つ一つが新鮮で楽しいと話す彼女の幸せそうな姿に、私はただ感動していました。


稲垣えみ子さんの著書『魂の退社』にも、自分らしい幸せについて考えさせられる内容が満載です。

「会社は修行の場であって、依存の場じゃない」という一文に惹かれます。

会社で学んだあらゆることを生かして、本当に自分の好きなことにエネルギーをつぎ込んでいく……。この冷静な判断は自分を俯瞰して見ないと生まれません。


5年後10年後どうしたいのか？

どうしたら自分が幸せと言える状況をつくれるのか？

とことん考え抜いて行動したいものです。

人生は一度しかなく、着実に毎日齢を重ねている私たち。今の自分をとりまく状況、体調や収入、一緒に暮らしている家族も常に変化していくのですから。

さて、会社勤めから解放され、フリーになった私は、平日のデパートに行くという幸せはまったくどうでもいいことになりました。いつでも行けるデパートに行く必要もなくなりました。

幸せの基準はどこにあるのか？

それは人と比べず、自分で判断していくものです。

幸せの基準は自分で自由自在につくっていこう

chapter

6

心と身体を整える

1

自分らしく輝く女は体調の変化に敏感に反応し
伸び悩む女は体調を後回しにする

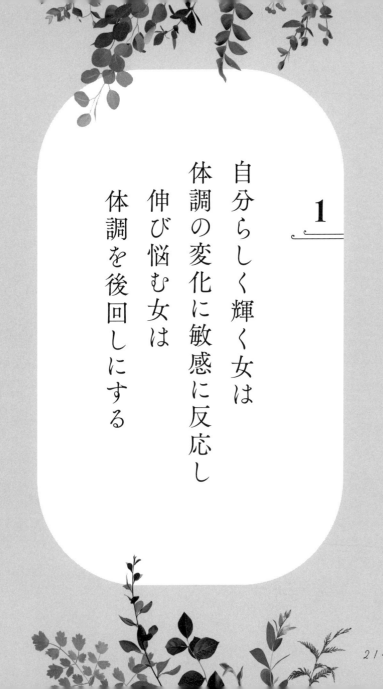

あなたは、自分の体調をいつも優先できていますか？

忙しさから、自分の身体のことは後回しになっていないでしょうか。


体調には色々な症状があり、個人差があると思います。

痛み、けだるさ、眠気、言葉に表せないような体調は、そのときの自分を取りまいている悩みごとから来る気分と連動し、より複雑な身体の調子をつくり出しているのだと思います。


特に女性の身体は、年齢を重ねることで微妙に変わってくる体調の波に、自分でも驚かされることがありますよね。

いつもより激しい動きをすると、翌日現れるはずの筋肉痛が3日後に出るようになったとか、体重が落ちにくくなってお腹周りが気になるようになったとか、あなたにも思い当たることがあるかもしれません。

時の経過は容赦なく女性の身体に変化を及ぼします。自分で勝手に判断するのは危険です。

身体に異変を感じたら、とにかく早めに病院で診てもらい、何らかの手を打つことが大切です。

私には、職場で出会ったとても仲良しの友達がいました。

彼女とは別の部署で働いていましたが、前職が同じ金融機関だったこともあって共通の話題も多く、二つ年上の彼女を姉のように慕っていました。

仕事の後に飲みに行ったり、好きなブランドのバーゲンセールに行ったり、映画やスキーに行ったりと、楽しかった想い出はつきません。

あるとき、彼女が体調を崩しました。

病院の診断は初期の乳がんでした。「医師の言い方にトゲがあった」「信用できない」と不満を口にして、彼女はその後通院しませんでした。

彼女は病気を放置したまま、残業をすることも多く、仕事への熱心さは加速していきました。

それから1年後、彼女が病院を受診したとき、すぐに手術しなければならないほど病気は悪化していました。

彼女は休職し、その後職場に復帰。自分が不在だった期間を取り戻すかのように猛烈に働いていました。仕事が大好きな人でしたので、私はハラハラしながらも見守るしかありませんでした。

数年後、病気が再発して再入院。仕事に戻りたがっていた彼女の希望はかなわず、40代後半で天国に行ってしまいました。

医師との相性が悪かったなら、他の病院に変えればよかったのに。早めに治療していればもっと長く生きられたかもしれません。

あれほど残業をしていなければ病気の悪化もゆるやかだったかもしれません。

私は、近くにいながらアドバイスできなかった自分を責めました。

病院のベッドで「私は家族を持たないで良かった。パートナーや子供がいたら心配かけてたもんね」と何度か口にしていた彼女の言葉を思い出します。

彼女が亡くなり、残されたご両親と妹さんがどれだけ悲しんだか……。

そして私も、彼女の不在に心に穴が空いたようになり、会社生活に色彩が消えたような日々を送りました。

どんなにやりたい仕事に就いて充実していても、命があってこそ。

普段から、「私は今、心身ともに健康だろうか？」という自分への問いかけは、特に優先してほしい視点です。

風邪気味でも「仕事がたまっている、私がいないと誰かに迷惑をかけてしまう」と、責任感からつい無理をしてしまうのも真面目だからこそ。

けれども、無理をして結局数日休むことになるならば、体調を優先させて、早引けする、病院に行く、など自分を優先して早めに対処したほうがいいと思います。

生身の人間ですから、体調が悪くなるのもお互い様です。誰もが「助けて！」を言いやすく、カバーし合えるチームにしておくといいですね。

体調不良を勝手に疲れているからと決めつけず、早めに専門医に診てもらうことです。何か問題があれば早めに処置することで悪化を防ぐことができます。

また、医師との相性は、お互い人間ですから当然合う、合わないがあるでしょう。自分に合う医師（主治医）を見つけ、何でも相談できる関係性を築くのも自分を守る手段だと思います。

自分の身体の変化に気づけるのは自分だけ

2

自分らしく輝く女は心配事をいったん「神棚」に上げ伸び悩む女は最悪のシナリオに備える

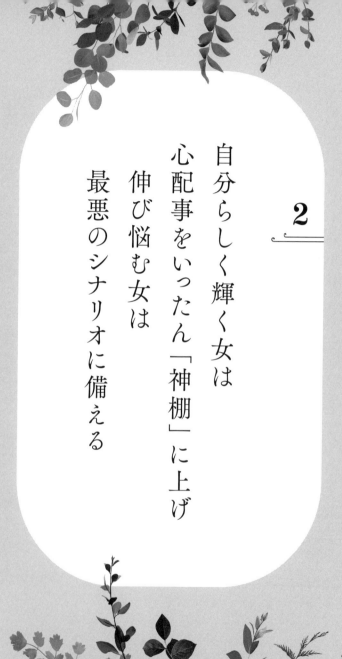

数年前、箱根駅伝で優勝を重ねている青山学院大学陸上部の原監督が、テレビ番組の対談で「準備とこだわり」の重要性を語っていました。

たしかに何事も結果を出すには準備が大事だよねと納得して聞いていましたが、私の場合は準備しすぎる傾向にあり、そのために困った事態になった経験が一度ならずあります。

困った事態が生まれる原因も自分でわかってはいるのに、やめられない。

その原因とは、いつも最悪の事態に陥ることを考え、心配がつきないということです。心配することでエネルギーを消耗するため、本来の力が発揮できないというジレンマ。心配性が行きすぎると、ただの怖がりと言えなくもないですね。

フリーになってすぐの頃、大阪の大手製薬会社の企業研修を引き受けたときのことです。

先方の担当者と打ち合わせを重ね、プログラム内容も、伝えたいメッセージも準備は万全。それなのに東京駅から新幹線に乗っても「まだ準備が足りないのでは」と心配になり、手元の資料に「そうだ！　あれも、これも加えたほうがいいかも」と修正を入れました。

そうしていざ本番になったとき、緊張していたこともあってか後から追加した部分が邪魔をして本筋がぼやけてしまい、そのことに動揺して時間配分がうまくいかず、最後は早口でまくし立てる、という失態をしました。

十分準備をしたのだからあとはその場の雰囲気に任せて、何ならアドリブで乗り切るくらいの心の余裕が欲しいものです。

だけどなかなか思うように行かないものですね。

外資系銀行の人事部にいた頃、社員研修の講師役になったものの、何度回数を重ねても心臓の音が聞こえるくらい緊張する情けない自分が嫌になっていたときの、同僚のひとことを思い出しました。

「関下さんは失敗が怖いんだね。人によく見られようとするから緊張するんだよ。失敗してもいいじゃない」

同僚の指摘は私の痛いところをついていました。心配し始めたら何もかもが心配になり、そのことで頭がいっぱいになるのです。

「もし失敗したらここぞとばかりに皆に攻撃され、痛い目に遭うのではないか……」と、最悪の事態が恐ろしい。そうなると夜もぐっすり眠れないので、結局頭がスッキリしないために起こる失敗……。

この悪循環を断ち切るために私がトライしたことは、心配事をいったん頭の中の「神棚」のようなところに預かってもらう方法です。

まずは大きなことも小さなことも、心配事を一つ一つ紙に書き出します。ラップに包んで「神棚」に上げるイメージです。それから、そこに置いたもののことは忘れ、そのとき自分にとって緊急なことや重要なことを優先順位をつけてこなしていく。

そうすれば、やがて気持ちと時間に余裕ができ、さあ棚上げしていた心配事に手をつけようかというときに、いつのまにか時間の経過が解決し、包んでおいた心配事が消えているということも起こりえます。

大学の非常勤講師になって今年で13年になりました。

最初の頃は、授業の準備にとても時間がかかりました。複数の大学で週に6コマの授業を担当し、慣れない仕事に追われる日々。

そんなとき、疲弊して「今日は教壇の前に立ってしゃべりたくない！」という日が訪れました。

そこで私は、「準備する時間も十分とれていないし、授業で失敗したらどうしよう」という心配を、いったん忘れることにしました。

すると、「いつか学生に見せたいと思っていた映画の前半を教室で流し、残りの時間をディスカッションに充ててみよう」というアイディアがふと浮かんできたのです。

当日の学生のリアクションペーパーには、「今日の授業は今までで一番充実していた」など、ポジティブなコメントが多く、驚きでした。

講義は教員が話さなければいけないと思い込んでいたのです。

準備不足で何も話せなくなったらどうしようと怖い夢を見ることは、実は今もあります。そんなときは相手（学生）に話してもらうことも一つの案ですね。

怖がりは、慎重さを生むという点で、良い面もあります。

けれども、怖がりも度を過ぎると神経がピリピリして自分も相手も疲れ、最後には人が離れていくこともあります。そんな悲しい事態にならないようにしたいものですね。

心配事はとりあえず「神棚」に預けて心に余裕を取り戻す

3

自分らしく輝く女は
満身創痍でも立ち上がり
伸び悩む女は
挫折を知らない

行きつけの美容院に行くと、見慣れない若い女性のスタッフが2人、初々しい笑顔とどこかぎこちない所作で、そんなに広くない美容院の中を動き回っています。

担当の美容師さんに聞くと、「今日入社したばかりの新人さんです」とのこと。「若い人が入ってくると新鮮でいいですよねー」と彼女も私も何となく嬉しい気持ちを共有しました。

そこからお互いの新入社員時代の話になり、辛いことがあったとき、トイレに駆け込んで泣いたエピソードを披露し合いました。

先輩からきつく叱られて自分の不甲斐なさが情けなかった、人前で注意されて惨めだったことなど、新人の頃の初《うぶ》な自分を思い出しました。

そして、そんな会話から、私の中に、突然40歳の頃の自分の苦い経験が蘇りました。

当時、別の部署にお姉さん的存在の女性がいました。

それまでランチや飲みに行くなど良好な関係だと信じて疑わなかった10歳年上の彼女から、あるとき急に冷たい態度を取られるようになりました。

私は何が何だかわからず困惑し、彼女の冷たい口調とまなざしに傷ついて、トイレに駆け込み泣きました。後から後から涙があふれ止まらず、「やるべき仕事が待っているのに！　新人じゃあるまいし。どうしちゃったの私⁉」とパニックになりました。

数日経っても気分は沈んだままです。

彼女と気まずい関係になるきっかけとなった仕事上のやりとりはあったものの、それはあくまで仕事の話。そのことが尾を引いてまさかプライベートにまで悪い影響を及ぼすとは夢にも思いませんでした。

私は彼女とのコミュニケーションで、自分に非があったなら謝ろうと思っていたのですが、どう考えても私はまったく悪くないと思いました。

でも、いま冷静に振り返ると、彼女がそのとき抱えていたプレッシャーをわかろうともせず、私の自分本位で良かれと思って行動したことが彼女の機嫌を損ねたのだと思います。

こうして当時はわからなかったことが月日の経過でジワジワとわかってくることが

あります。相手の年齢になって初めて理解できること、見えてくることがあるのだと思います。

さて、会社に行くのが辛いほど落ち込んだ私は、これは危険信号だと自覚して、当時会社に常駐されていた精神科医の先生と面談しました。

慕っていた先輩が急に冷たい態度になりショックであることを説明すると、先生は意表をつく質問をしました。

「以前、今回のように落ち込んだことがありますか？」

「それは大変でしたね」や「おつらいですね」という共感ではなく、いきなりの質問のボールに驚きながらも、私は以前に落ち込んだ経験のエピソードを語りました。

するとと先生の次の質問はこうでした。

「その時、どうやって立ち直りましたか？」

当時を思い出しながら答えると先生は、

「それなら今回もあなたは立ち直れます。大丈夫です！」
と言いました。

私も、これからまた落ち込むことが現実に起こっても、いつか立ち直れるから大丈夫だよと自分に言い聞かせました。

また、気分が下がっている原因を誰かと共有することでニュートラルな自分に戻そうと試みました。

悩みごとというのは身近な人（親、パートナー、家族など）にはなかなか言えないものです。それが第三者には逆に心を開いて全部話すことができます。

そしてその第三者には守秘義務があると心強いですね。自分にとって安心できる逃げ場を持っておくことは大事だと思います。

私自身もコンプレックスを抱えています。

一見成功している人や偉い人でも、よく見るとみんな何かしらの負い目を抱え、悲しみを持って生きているのではないでしょうか。

どんな人にも守るべき大切なものがあり、日々何かに傷ついているのだと思います。

変化の激しいこれからの未来に向かって強く生きるためには、弱い自分が満身創痍になる経験を積むことも大切かもしれませんね。

それから……あなたには、「私はこんなに傷ついています」と、弱さをさらけ出すことのできる「強さ」を持ってほしいと思います。

弱い自分を誰かに見せる勇気を持とう

4

自分らしく輝く女は今このときを大事にし伸び悩む女は忙しさで自尊心を満たす

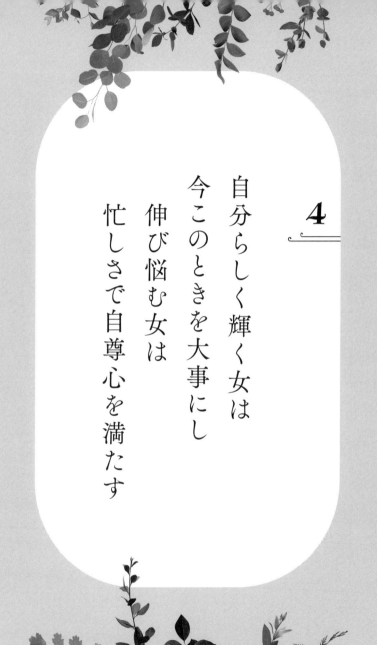

日本に住んでいると、夜空に浮かぶ月や星の輝きをきれいだなと眺める余裕があります。

また、花屋さんの店先で季節を感じるような、平和な日常がありますね。

いつか自分の上に降りかかるかもしれないネガティブなことを心配してもキリがありませんが、かといってまったく心配しないわけにもいきませんよね。心の準備はしておくに越したことはありません。

けれども、心配しすぎて怯えたり落ち込んだりしてばかりもいられませんので、あなたもなんとか自分で気分を変え、折り合いをつけ、心を整えながら目の前のあれこれに対処しているのではないでしょうか。

今のあなたは、いわゆる脂が乗った時期といいましょうか、仕事もプライベートも充実し、さらなる転機といえる新たなドアが開く可能性がある、ポテンシャルの高い時期に差しかかっています。

ただ、勘違いしないようにしたいのは、忙しい人ほど人生が充実しているわけではないということです。

スケジュール手帳が日々、真っ黒に埋まっていないと気が済まない人がいます。

私がまだ30歳の頃、10歳年上の女性がそうでした。

彼女とは、偶然オフィスのお手洗いで挨拶するようになったことがきっかけで、時々ランチに行く間柄になっていきました。

彼女は部長の秘書でした。部長は社内で権力者でしたので、その秘書である彼女にも力があることは、他の社員の彼女への接し方でわかりました。

私は心の中で「偉いのは部長なのに、なぜ秘書まで偉いのか？」と思っていましたが……。

そんな彼女からランチに誘われ、そこで言われたのは、

「あなた、休日とか何してる？　勉強してる？　うちの会社の人は何も言わないけれど陰ではみんな努力しているのよ。学校に通ったり、英語力を上げたり。何？　何も

してないの？　信じられない」

ということでした。

私は彼女から、フランス語を習っていること、さらに日本舞踊や茶道も始めたと聞かされ、驚きました。

仕事で残業もあって忙しいのに、さらにプライベートな時間も分刻みのスケジュールのような忙しさ。そのことを自慢する彼女の話を参考にしながらも、聞いている私のほうがぐったりしました。

しばらくすると日本舞踊の先生がイヤになり、次はお琴を習い出したと言います。あれこれやってみて、自分の「これだ！」というものを見つけるのは良いことだと思いますが、何事にも気分が落ち着かない様子で刺激を求め、さまよっているような彼女と一緒にいるだけで私は疲れてしまいました。

また、ネガティブな感情は悪いことだと決めつけ、「人は常にポジティブでいなければいけない！」というような感覚についていけず、私は彼女と距離を取り始めました。

よくあるたとえで、ペットボトルに水が半分入っているとして、「半分しか入っていない」とネガティブにとらえるより、「半分も入っている！」とポジティブにとらえましょうというものがあります。

あなたは「半分も入っている！」と即、ポジティブな反応をするタイプですか？

私はどちらかというとネガティブ派です。

「ああ、半分しか水がない、どうしよう！　これではのどが渇いたときに足りないじゃない」と焦ったり、「さっき飲み過ぎたかも」と落ち込んだりします。

あなたがもし私のようにネガティブな反応をするタイプだとしても、その後でジワジワとポジティブに切り替えることができれば、「また新しいペットボトルを手に入れるにはどうするか」などと未来のことに意識を向けられるはずです。

人は一生ポジティブというわけにはいきません。それでは疲れますよね。

ポジティブだけど時々ネガティブ、くらいがちょうどいいのかもしれません。

ネガティブモードになる自分も、私の大切な一部。ならばその一瞬も価値のある時間だと思います。

どんなモードであるにせよ、落ち着きのある大人の女性を目指したいものです。

忙しさの自慢は人を遠ざけるだけ

あとがき

前作『伸びる女と伸び悩む女の習慣』でお世話になった明日香出版社の編集者さんから「続編を書きませんか?」とお声がけいただいたとき、すでに「38歳」をタイトルに入れることが前提でした。

なぜ38歳なのかは本編でも触れましたが、40歳前後はキャリアの分岐点に遭遇する年代だからです。

正直なところ私が38歳の頃は、目の前のことをこなすのに精一杯で、未来のことを予測する余裕などなかったように思います。

でも、あらためて当時を振り返ると、仕事やプライベートを通して体験した辛かったこと、苦しかった出来事がきっかけで、キャリアの新しいドアが開いていったことに気づかされます。

ここに、アップル創業者のスティーブ・ジョブズの名言をご紹介します。

You can't connect the dots looking forward; You can only connect them looking backward.

So you have to trust that the dots will somehow connect in your future.

未来に先回りして点と点を繋ぐことはできません。
出来るのは過去を振り返って点を繋ぐことだけです。
だからこそバラバラの点であっても
将来何らかの形で点は繋がると信じなければなりません。

（2005年、スタンフォード大学卒業式式辞より）

日々様々な出来事を肥料にして今を生きるあなたは、自分らしい花を咲かせる人です。

今、あなたらしく輝く未来に向けて、一緒に乾杯したい気持ちです。

最後までお読みいただきありがとうございました。

関下昌代

参考文献

・『池坊専好×鎌田浩毅　いけばなの美を世界へ：女性が受け継ぐ京都の伝統と文化』池坊専好・鎌田浩毅 著（ミネルヴァ書房）
・『魂の退社 会社を辞めるということ。』稲垣えみ子 著（東洋経済新報社）
・『働くひとのためのキャリア・デザイン』金井壽宏 著（PHP新書）
・『聡明な女は料理がうまい』桐島洋子 著（アノニマ・スタジオ）
・『自分のスキルをアップデートし続ける　リスキリング』後藤宗明 著（日本能率協会マネジメントセンター）
・『LEAN IN 女性、仕事、リーダーへの意欲』シェリル・サンドバーグ 著（日本経済新聞出版社）
・『スタンフォード大学の超人気講座　実力を100％発揮する方法 ― ポジティブ心理学が教えるこころのトレーニング』シャザド・チャミン 著（ダイヤモンド社）
・『チーズはどこへ消えた？』スペンサー・ジョンソン 著（扶桑社）
・『伸びる女と伸び悩む女の習慣』関下昌代 著（明日香出版社）
・『人を動かす』デール・カーネギー 著（創元社）
・『聞く技術　聞いてもらう技術』東畑開人 著（ちくま新書）
・『EQを鍛える』DIAMOND ハーバード・ビジネス・レビュー編集部　編・訳（ダイヤモンド社）
・『女性の品格 ― 装いから生き方まで』坂東眞理子 著（PHP新書）
・『アンガーマネジメント 11の方法 ― 怒りを上手に解消しよう』ロナルド・T・ポッターエフロン、パトリシア・S・ポッターエフロン 著（金剛出版）

著者
関下昌代（せきした・まさよ）
著作家、キャリアカウンセラー、亜細亜大学非常勤講師、華道池坊歴 43 年。
熊本市生まれ。熊本県立第一高校卒業後、住友信託銀行に就職。以後、派遣、臨時職員でテレビ熊本、熊本県庁などで勤務。1989 年、シティバンク銀行に転職。いくつかの業務部を経て、2001 年に人事本部人材開発課に異動。社員研修の企画運営、社内講師を務める。2009 年 3 月、立教大学大学院異文化コミュニケーション学修士号取得。同年 11 月シティバンク銀行を退職。2011 年 4 月より、大学でコミュニケーションやビジネスマナーの科目を担当。
著書に『伸びる女と伸び悩む女の習慣』（明日香出版社）、『伸びる女の社内政治力』（さくら舎）、『伸びている女性がやっている感情整理の新ルール』（KADOKAWA）、『マナードリル』（総合法令出版）、『先輩に可愛がられ、同僚に疎まれず、後輩に慕われる女子になる』（中央公論新社）などがある。

38 歳から自分らしく輝く女《ひと》と伸び悩む女の習慣

2023 年 11 月 20 日 初版発行

著者　関下昌代
発行者　石野栄一
発行　明日香出版社
〒 112-0005 東京都文京区水道 2-11-5
電話 03-5395-7650
https://www.asuka-g.co.jp
カバーデザイン　新井大輔
カバーイラスト　星野ちいこ
本文デザイン・組版　吉崎広明（ベルソグラフィック）
本文イラスト　Shutterstock lavendertime
校正　共同制作社
印刷・製本　シナノ印刷株式会社

ISBN 978-4-7569-2295-3

本書もオススメです

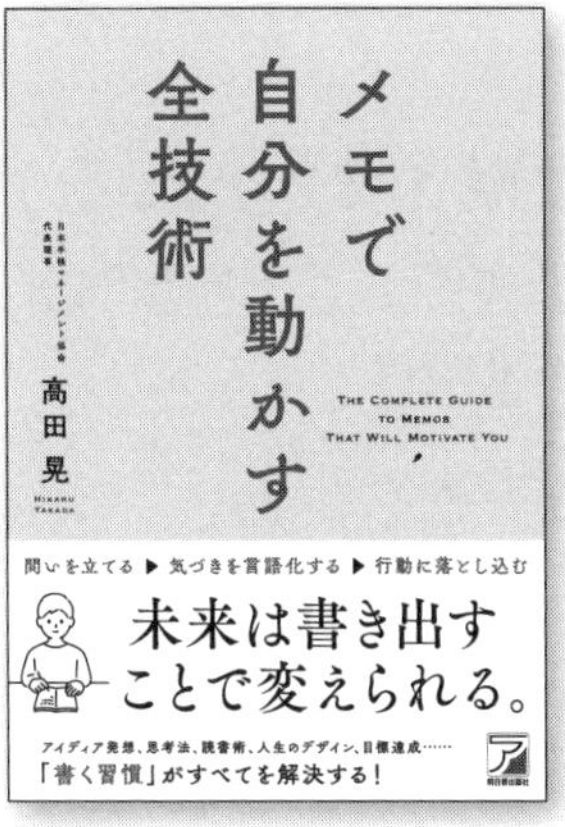

メモで自分を動かす全技術

高田 晃・著

1600円(+税)
2023年発行
ISBN 978-4-7569-2285-4

今日1日がどんな日になるかは、何を考え、何をメモしているかによって決まる。
メモで人生をデザインしよう。

思考力を高め、考えをビジョンに落とし込み、プランに集約して実行力を高める強力な相棒となるのが「メモを書く習慣」です。

メモを書く習慣を持つことは、自分自身を驚くほど変えてしまう威力を持っています。

本書では、一般的に「メモ」や「ノート」という言葉から連想される、仕事の効率を高めるための方法や備忘録としての活用法ではなく、「自分を動かし、自分を変える」ためのメモ術を解説しています。

本書もオススメです

なぜか好かれる人がやっている100の習慣

藤本 梨恵子・著

1500円（＋税）
2020年発行
ISBN 978-4-7569-2105-5

もう人間関係に悩まない！

「もし、短期間で誰とでも信頼関係を築くことができたら」

「もし、どんな人からも愛されることができたら」

あなたの人生はどんな風に変わるでしょうか。

本書では、心理学をベースに、コミュニケーションを良好に行う方法を100項目にまとめています。

マインドフルネス、ＮＬＰ、コーチング、カウンセリング、カラーセラピーなどを学んだ著者だからこそ書ける、人間関係の教科書です。

本書もオススメです

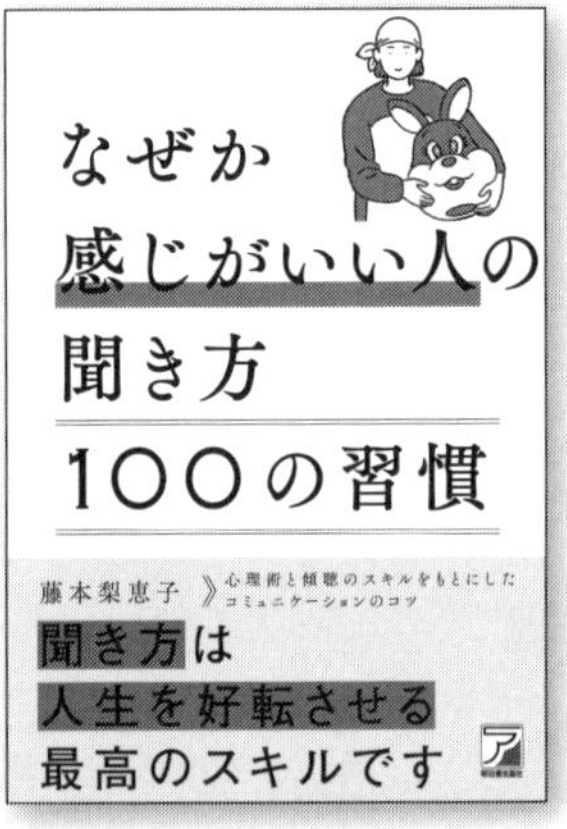

なぜか感じがいい人の聞き方100の習慣

藤本 梨恵子・著

1600円（＋税）
2023年発行
ISBN 978-4-7569-2253-3

**人と話すことが苦手な人も、
気を遣いすぎて疲れがちな人も、
ムリせず心地よい人間関係をつくれます！**

じつは、「聞き方」は、「話し方」よりも重要です。

どんな相槌を打つのか、どんな質問をするのかで、話の広がりも深まりもまったく変わってくるからです。

会話が弾むかどうかも、自分の欲しい情報を得られるかどうかも、聞き方次第なのです。

「会話がなかなか続かない……」

「つい、余計な一言を言って失敗してしまう……」

「人と話すときに緊張してしまう……」

そんな心配や失敗の経験を持っている人ほど、本書を読めば聞き上手になれます。